障がいのある子ども・若者の性と生

「からだ」と「こころ」を大好きになろう

木全和巳・伊藤加奈子
伊藤修毅・田中弘美
特定非営利活動法人子ども＆まちネット
STEPプロジェクト委員会

編著

Kimata Kazumi

Ito Kanako

Ito Naoki

Tanaka Hiromi

&

STEP Project

クリエイツかもがわ
CREATES KAMOGAWA

はじめに

　私は特定非営利活動法人子ども＆まちネットで副理事長として活動を始める以前から、「障がいのある子どもの父母のネットワーク愛知＝略称・父母ネット（1998年4月設立）」という団体を立ち上げ、障がい児を育てている保護者向けのさまざまな支援活動を実施してきました。そして立ち上げまもなく、発達に障がいのある子ども・若者たちの「思春期」や「愛や性」の課題に対して不安や疑問を抱き、それはすべての障がいのある子どもや若者、その保護者たちにとって共通の課題だと捉え、仲間と情報を集め学習をし始めました。

　しかしその頃、世間の認識は、"障がいのある子どもや若者たちには「愛や性」など関係ない、恋愛も性交もしないし、結婚をしたとしても、それは一部の身体障がいの方くらい…"というものがほとんどでした。そして、障がいのある方たちの性的人権について考えるということも、まったくと言っていいほどされていないのではないか、という状況でした。それでも私や親の会の仲間たちは、このテーマの必要性・重要さを強く感じ、講演会や学習の場を何回も開いてきました。

　その想いを、子ども＆まちネットの活動の中でも形にして続けていこうと、さまざまな助成事業に応募して、保護者や支援者向け、本人向け研修会の開催や教材の作成、テキストの作成などという形態で実施を重ねてきました。

　そしてここ数年、やっと障がいのある子どもや若者、成人にとって、思春期における心身の変化に関する学びや恋愛すること、権利としてのセクシュアリティ等は大切で普通に保障されるべきもの、という意識や考え方が広まってきました。さらに、障がいの有無に関係なく、すべての子どもや若者たちにとって、性の多様性、思春期や愛と性に関する学びはとても重要だという声も、医療、保健、福祉、また教育などの現場からも上がってくるようになりました。

父母ネットで初めてこのテーマに取り組んで20年近く、子ども＆まちネットでSTEPプロジェクトを立ち上げて12年あまり（プロジェクトの前身も含めて）が経ち、日本全国各地でも、「性と生」をテーマにしたいろいろな事業や企画が動き始めている状態に、私個人としてもまた、法人としても感慨深いものがあります。

　思春期を迎える子どもや若者にとって、愛や性と生を学ぶことは、自身の生命（いのち）を考えることや自分は自分でいいと認め、自身を好きになり大切にすることにつながります。

　近年、若くして自分自身を否定的にとらえて、夢も希望も抱けなくなったり、生命を絶つ道を選ばざるを得ない若者が増えている中、「生きる力」に直結するこの非常に重要なテーマを、多くの方々により身近に感じてもらい、考え学び合える機会や場づくりのために、STEPプロジェクトではさまざまなプログラムや教材を検討して実施・作成してきており、これからも続けたいと考えています。

　性のテーマに向き合うことは、これまで慣れていない大人たちにとっては、気持ちの上でもハードルが高いと思います。しかし、障がいがあってもなくても、子どもや若者たちが大人になっていく自身をいつくしみ大切にできることが、その後の彼らの人生をより豊かにしてくれることは間違いない、と私自身、活動を通して強く実感しています。

　一人では始めづらい、何から実施したらいいのかわからないという方は、まずこの本を読んでいただき、仲間や友人に紹介して、内容について話し合うところから始めてください。始めたら、同じ志、想いの方々に出会えることと思います。そして、そんな出会いもまた、子ども＆まちネットで力になれるのではと考えております。

　　2021年7月

　　　　　　　　　　　　　　　　特定非営利活動法人子ども＆まちネット　副理事長
　　　　　　　　　　　　　　　　STEPプロジェクトリーダー
　　　　　　　　　　　　　　　　田中　弘美

本書の使い方

　本書は、特定非営利活動法人子ども＆まちネットが、2018年に作成した『変わっていく思春期の「からだ」と「こころ」を大好きになる』という、Study Bookを元にしております。Study Bookは、主に当法人が、性と生に関する研修を開催するにあたって、参加者の方に受講用資料の一環として配布や販売をしているテキストのようなものです。Study Bookに記載してある内容を研修で講師から詳しく学ぶことで、より深く理解が進み、また、研修後にそれぞれの現場（放課後等デイサービスなどの福祉事業所や支援団体、家庭や学校など）に戻ってから、職員同士で勉強会を開いたり内容を復習したり、いろいろな人に伝えたりしていってもらえることを目指していました。

　しかし、受講者や最初に配布した公的機関（地域の療育センターや保健所、相談支援窓口など）から、研修は受けていないけれどStudy Bookがほしい、販売してほしいという問い合わせが何度も届くようになり、必要としている人、内容について関心をもってくれる人がいるという状況に応えていきたいと考えるようになりました。

　ただ、Study Bookの中には外性器・内性器模型の写真があり、性交や挿入、自慰などというやや刺激的な文言も多く登場するため、当法人では、Study Bookの意図や使い方をしっかりと理解し、適切な使い方をしていただける方々にお渡ししたい、Study Bookだけを安易にお渡しすることは避けたいという考えがありました。

　そんななか、Study Bookの書籍化のお話を執筆者の一人である木全和巳先生からいただき、多くの必要としている人、関心をもってくれるすべての人に届けられるような書籍にしよう、という流れになりました。研修を受けていない方も、まだ性と生については意識したことのない方でも、書店やネットなどで目にしていただくことで、「何だろう？」「どんな内容だろう？」と気に留めてもらい読んでいただけることは、

愛と性と生の学びの必要性や重要性のすそ野を広げることに大いにつながるという考えに至りました。

　本の中では、障がいのある若者のセクシュアリティを福祉や教育の現場から事例をふまえながら多岐に紹介する章、医学的見地から基本的な「からだやこころの変化」、その役割としくみを学ぶ章、子ども＆まちネットで開発した教材とそれらの使い方を紹介した章、さらに学びの実践例を具体的に紹介する章と、４つの章で構成し、他にこのテーマにまつわるエピソード（コラム）、教材などの写真、イラストを多数盛り込んで構成していますので、比較的スムーズに読み進められると思います。

　教材に関しては、それぞれの現場でのニーズに合わせて研修を展開していただきたいと考えているので、いわゆる「使い方マニュアル」はありません。それは、この本を手にとった方々が、職場や学校、家庭など、それぞれの場で同僚や仲間、そして子どもや若者たちと一緒に、その時々のニーズに合わせて生命や愛、そして性と生に向き合い、教材を最適にカスタマイズしながら学んでいってもらえるように願っているからです。

＊本書の用語表記について
・「障害」「障がい」「しょうがい」…法律や制度については「障害」を使用し、他は執筆者にゆだねた表記になっています。
・その他の用語……「体」「身体」「からだ」など漢字、ひらがな表記が混在していますが、本書全体で字句統一せず執筆者にゆだねた表記になっています。

CONTENTS

PART 1 障がいのある若者のセクシュアリティ
伊藤 修毅・木全 和巳   15

PART 2 思春期のこころとからだの変化
伊藤 加奈子   49

PART 3 「教材」を使った学びの実践
誰にでもわかりやすく「思春期の学び」を伝えるために
田中弘美・特定非営利活動法人 子ども＆まちネット STEPプロジェクト委員会

「セクシュアル・プレジャー(性の快楽)」を例外なくすべての人たちに

PROLOGUE

　作業所に通う中度の知的能力しょうがいのある24歳の広志さん。同僚の22歳の中度の知的能力しょうがいのある恵子さん。二人は、お互いに好意をもっている。昼休み、帰りの会が終わって送迎車を待つ間、時間があると、職員の目を盗んで、お互いのからだを触り合っている。

　どちらの両親も二人がつきあうことには大反対。かつて性の学習をしたら、「寝た子を起こすな」と親たちから抗議があった。こんなこともあって、職員としても、何とか二人を別れさせなければならなくなった。

　昼休みに、触り合っている場面で注意をすると、広志さんは「何で(触れ合っては)ダメなのか」とパニックになり、午後からは仕事ができなくなってしまう。恵子さんは、「お母さんに叱られる」と、泣くばかり。職員としてどう取り組んだらよいのか、困っている。一度、相談にのっていただけないか。

　この事例は、もうかれこれ15年ほど前のもの。いまだに同様の相談には事欠かない。他には、人前での自慰と、べたべたした抱きつきと、妊娠の不安から好き合っている二人を別れさせるという相談が多い。ストーカー、性風俗にはまる、性風俗で働かされる、AVへの出演、性暴力もちらほら。で、少々疲れもたまってくる。それでも、しょうがいのある人たちの性と生の支援に関心をもっていただけることがうれしいので、出かけることにしている。

　好き合っている成人の男女。男同士でもよいのだが、こちらはさらにNG。人前でも触り合ってしまうということであるが、自宅に帰れば、二人だけで会うこともでき

ない。作業所にいて見つけ出したわずかな時間だけが、唯一の時間。しょうがいがあるというだけで、性的なふれあいを認めることがむずかしいらしい。

　本人たちの気持ちを無視して、別れさせることが、職員と両親により正当化されてしまう現実。どうしてこのようなことになってしまっているのか。離れなさいは、コロナ禍で正当化され、より加速している現状も。

　2019年、メキシコで開催された第24回「世界性の健康学会」では、これから紹介する「セクシュアル・プレジャー宣言」が採択されました。いま私は、この宣言を受けとめながら、相談事例に対応しています。

　前文から読んでいきましょう。

　「セクシュアル・プレジャー（快感・快楽・悦び・楽しさ）」とは、「他者との又は個人単独のエロティックな経験から生じる身体的および／または心理的な満足感と楽しさ」のこと。こうした「経験には思考、空想、夢、情動や感情が含まれる」とあります。

　「プレジャーが性の健康およびウェルビーイング（良好な状態・幸福・安寧）に寄与するためには、自己決定、同意、安全、プライバシー、自信、そして性的関係についてコミュニケーションしたり交渉したりする能力といった要素が重要となる」。

　そして、「セクシュアル・プレジャーは、性の権利の文脈で行使されるべきものであり、とくに平等と非差別、自律と身体のインテグリティ（保全・完全性・統合性）にかかわる権利、望みうる最高水準の健康および表現の自由にかかわる権利が重要となる。人間にセクシュアル・プレジャーをもたらす経験は多様であり、（それゆえに）プレジャーがあらゆる人にとって肯定的な経験でありつつ、他者の人権とウェルビーイングを侵害して得られるものでないことを保障するのが、性の権利である」と書かれています。

　そして、以下の6つの項目が宣言されています。

　1．あらゆる人々にとって、差別、強要、暴力をうけることなく、楽しく安全な性的経験が可能であるということは、性の健康とウェルビーイングの基盤をなすものである。

2．セクシュアル・プレジャーの源にアクセスすることは、人間としてあたりまえ
　の経験および主観的なウェルビーイングの一部をなす。

3．セクシュアル・プレジャーは、人権としての性の権利の基盤をなす。

4．セクシュアル・プレジャーには、多様な性的経験をする可能性が含まれる。

5．セクシュアル・プレジャーは、世界中のあらゆる場所において、教育、健康推進、
　サービス提供、研究、権利擁護（アドボカシー）に統合されるべきものである。

6．セクシュアル・プレジャーをあらゆる場面に組み込み、個人のニーズ、要望、
　現状（リアリティ）にあったものにすることが、究極的には、国際保健と持続
　可能な開発に寄与することになるのであり、そのための包括的で即時的かつ持
　続可能な行動が求められる。

加えて、政府などの関係諸機関にＡ～Ｅの項目を要請しています。

A．法律や制度政策において、自己決定、非差別、プライバシー、身体のインテグリ
　ティ、平等を含む、人権としての性の権利の原則に則り、性の健康とウェルビー
　イングの基盤として、セクシュアル・プレジャーを推進すること。

B．情報と自己決定に基づく、尊重された、安全なセクシュアル・プレジャーの経験
　を可能にするために、包括的セクシュアリティ教育が、人々の生涯にわたる多様
　な可能性やニーズに合わせて、インクルーシブ（包摂的）でエビデンスと情報と
　人権に基づく方法で、セクシュアル・プレジャーを取り扱うことを保障すること。

C．セクシュアル・プレジャーを性の健康にかかわるケアサービスの提供に不可欠な
　ものとすること、そして性の健康にかかわるサービスが、アクセスおよび利用可
　能、入手可能な価格で、納得いくものであり、スティグマや差別、刑事訴追とは
　無縁な状態にあることを保証すること。

D. ウェルビーイングの一部をなすセクシュアル・プレジャーの恩恵に関して、権利を基盤とし、エビデンスと情報に基づいた知の開発を強化すること。それには、権利を基盤に資金源を確保すること、研究手法の開発、そして個人の健康および公衆衛生に寄与するセクシュアル・プレジャーの役割に係る知の普及が含まれる。

E. セクシュアル・プレジャーの経験が多様なものであるとの認識に対するコミットメントを、世界全体、各国、コミュニティ、対人関係および個人が再確認すること。このコミットメントは、あらゆる人々の人権尊重をもって、一貫性のある、エビデンスと情報に基づく政策や取組、および対人行動および集団的行為を通じてなさなければならない。

かみしめて読みたいですね。

この宣言に納得できるのであれば、私たちが相談や支援、教育や学習などの実践する時の立ち位置と方法については、自ずから明らかであると思います。

なぜニッポン社会においては、こうはなっていないのか。どうしたら、こうした「セクシュアル・プレジャー」理念を私たちをはじめとして、機能しょうがいのある人たちも例外なく保障することができるのか。こうした人間としての権利が保障されていないことをおかしいと思い、実現したいと気がついた人たちが先頭に立たないと社会は変わっていきません。本人たちとぜひ学び合い、豊かな生活を創りたいですね。このテキストをいっしょに読み、学び、実践をともに創り上げていきましょう。

東優子さんの監訳「セクシュアル・プレジャー（性の快楽）宣言」の全文がインターネットに載っています。

https://worldsexualhealth.net/wp-content/uploads/2020/02/2019_WAS_Sexual_Pleasure_Japanese.pdf

（木全和巳）

PART 1

障がいのある若者の
セクシュアリティ

伊藤 修毅
日本福祉大学　教育・心理学部　子ども発達学科准教授

木全 和巳
日本福祉大学　社会福祉学部　社会福祉学科教授

ジェンダー・
セクシュアリティの
多様性

CHAPTER 1

　近年、ＬＧＢＴという言葉がかなり多くの人に知られるようになってきました。まずは、改めて、この言葉の意味を考えていきましょう。

　ＬＧＢＴの「Ｌ」「Ｇ」「Ｂ」は性指向（Sexual Orientation）を示すもので、後で説明する性自認（Gender Identity）が女性で、性指向が女性に向く方（レズビアン）を示しているのが「Ｌ」です。性自認が男性で性指向が男性に向かう方（ゲイ）を示しているのが「Ｇ」です。この２つを合わせて同性愛者（ホモセクシュアル）と言います。そして、性自認がどちらであっても、男性にも女性にも性指向が向く方（バイセクシュアル）を示しているのが「Ｂ」です。最近では、性指向（Sexual Orientation）と性自認（Gender Identity）の頭文字を並べてＳＯＧＩという言葉を使う傾向も見られます。

　ここまでは、多くの方がご存じのことかと思いますが、性指向の多様性を考えるとき、この３つを示すことだけでよいのでしょうか。そもそも、「多様」であるものをマジョリティとマイノリティに分け、マイノリティの方にのみ名前をつけて着目することに違和感があります。性自認とは異なる性に性指向が向かう人、つまり異性愛者（ヘテロセクシュアル）も、多様性の一部をなしているに過ぎませんので、この言葉も性指向の多様性の分類として位置づく必要があります。

　また、性指向は本当に多様で、アセクシュアル（性指向が誰にも向かない方）、クエッショニング（性指向がわからない方）、パンセクシュアル（あらゆる方向に性指向が向く方）など、いくら言葉を増やしても、表現しきれないほどの多様性があるという認

識が必要です。そう考えると、私たちの中に根強くある「異性愛主義」（異性を好きになるのは自然なことという思い込み）が、そもそもの偏見であることがわかります。

　ＬＧＢＴの「Ｔ」は、トランスジェンダーです。生まれたときに外性器の形状に基づいて割り当てられた性別と、性自認、つまり、自分自身の性別に対するアイデンティティが一致しない方を意味します。性指向と同様に、一致しない方だけを示すのは多様性の考え方にはそぐわないので、割り当てられた性別と性自認が一致する方をシスジェンダーと言います。

　トランスジェンダーの方の中にも多様性があります。性別に対する違和感をもっているけど特にそれで困難を感じていないという方もおられますし、やはり何らかの困難があり、そのことを表明したいと思われる方もいます。そのうち苦しさが強く、お医者さんの力を借りたいという場合は病院に行き、所定の診断基準を満たしていれば「診断」がつきます。「性同一性障害」という言葉は、この時の診断名です。ただし、最近の診断マニュアルでは、「性別違和」または「性別不合」と診断名も変更されています。

　診断を受けると、治療につながるわけですが、ホルモン療法などだけではなく、外科的手術により性自認にからだを合わせる手術をすることもあります。かつては、「性転換手術」と呼んでいましたが、「転換」するのではなく、性自認にからだを合わせる手術ですので「性別適合手術」と呼びます。また、「トランスセクシュアル」という言葉を使うときは、おおむね、「性別適合手術」をしようとしている方、あるいは、された方を指すことが多いようです。

そもそも、性自認は個々のアイデンティティの問題ですので、必ずしも「男性」「女性」に分けられるものでもありません。「Xジェンダー」と言いますが、男性でも女性でもないというアイデンティティをもたれている方もおられますし、性指向同様、クエッショニングという方もいます。そう考えると、私たちの中に根強くある「男女二元論」（すべての人は男か女に分けることができるという思い込み）が、そもそもの偏見であることがわかります。

　そうは言っても、生物としての人間は、必ず男か女に分けられると信じ込まれている方も少なくないかと思います。しかし、すべての人間は必ず男か女に分けられるという考え方は生物学的にも誤りです。さきほど、「生まれたときに外性器の形状に基づいて割り当てられた性別」という言い回しをした理由でもあるのですが、性分化疾患あるいはインターセックスという言葉を聞いたことはないでしょうか。

　ユネスコは、インターセックスについて「生まれたときの性的特徴（性器、生殖腺、染色体パターンなど）が、一般的とされる男性のからだ、女性のからだの二分化に当てはまらない人。『インターセックス』は、からだの自然なバリエーションを包摂する言葉でもある。インターセックスの特徴が生まれたときにわかる人もいれば、前期思春期になるまで現れない人もいる。染色体のかかわるインターセックスのバリエーションが身体的には一切表に現れない場合もある。生物学的な性的特徴にかかわるインターセックスであることは、性的指向やジェンダーアイデンティティとは関係がない。からだはインターセックスでも、異性愛者、ゲイ、レズビアン、バイセクシュアルの可能性はあるし、自身を女性だとみなすこともあれば男性だとみなすこともあり、それらの両方に当てはめることもあれば、両方に当てはめないこともある」と説明しています。

　今、引用したインターセックスの説明は、ユネスコ等がまとめた「国際セクシュアリティ教育ガイダンス」（詳しくはＰ39をご覧ください）に掲載されているものです。私が、この「国際セクシュアリティ教育ガイダンス」の学習をした際に、一番衝撃を受けたことは、「人間は多様であることが最初の学習課題である」ということです。日本の学校で、少し積極的にＬＧＢＴを扱っていたとしても、その多くは、男と女が存在し、男と女には違いがあるとか、異性を好きになるのは自然とか、そんな話をさんざんした後に、「ＬＧＢＴとか、セクシュアルマイノリティの人もいるから差別しちゃダメよ」

ということが後付けで言われるものと認識しています。

国際セクシュアリティ教育ガイダンスの考え方は、根本的に異なります。男がいて、女がいて、マイノリティがいるのではなく、「そもそも人間は多様である」ということを低年齢の段階で徹底的に確認するということになっているのです。

少し具体的に見ていきましょう。

● 世界にはさまざまな家族の形がある

● 友情にはさまざまな形がある

● すべての人間は個々に異なりそれぞれにすばらしく、社会に貢献できる存在であり、尊重される権利がある

● さまざまな家族構成と結婚観がある

● ジェンダーに関係なくすべての人に平等の価値がある

● 障がいのある人を含む誰もが、尊重に値するそれぞれにすばらしいからだをもっている

● すべてのからだは特別で、個々に異なりそれぞれにすばらしく、からだに対してはポジティブな感情を抱くべきである

● ＨＩＶと共に生きる人たちは平等な権利をもち、豊かな人生を送っている

● 病気の有無にかかわらず、誰もが愛、ケア、サポートを必要としている

ここに挙げたものは、すべて、国際セクシュアリティ教育ガイダンスにおいて、小学校低学年段階で学ぶべきこととして示されているものです。こういった学習が、人格形成の初期段階で徹底されることの必要性を改めて確認したいものです。

障害者権利条約では、「障害者を包容するあらゆる段階の教育制度（いわゆる「インクルーシブ教育システム」）を確保する」とあり、その目的の第１には、「人間の多様性の尊重を強化すること」とあります。私たちの中に、根強く染みついている「男女二元論」や「異性愛主義」から早急に脱却し、「いろんな人がいるのが当たり前」という人間観に基づく教育に向かっていかなくてはなりませんね。

（伊藤修毅）

「コロナ危機」の中でこそ
「ふれあい」の文化を
ていねいに育もう
CHAPTER 2

　相談支援の活動を続けていると、保護者の方や支援者の方から、「ベタベタしてくる」「キョリが近い」という相談をよく受けます。

　たとえば、放課後等デイサービスの職員さんからのこんな相談です。

　「中学生の知的に中度の女子。他者とのコミュニケーションが楽しくなってきた様子。距離を保てないために、離れるよう伝えなくてはならない場面が増えてきました。『どうして近づいてはいけないか』の理解が難しいので、何度も伝え、言い方も変えているが理解につながらない。どう支援をしたらよいのか」

　一方で、いま岐阜市にあるしょうがいのある青年たちの劇団ドキドキわくわくで上演されようとしている演劇には、こんな場面も。学校時代、「腕一本分離れなさい」ときつく指導されてきた自閉性スペクトラムのある青年が主人公。この青年、他の仲間がカップルとなり、手をつなぐことが許せません。「腕一本分離れないとダメ」と怒ってしまい、仲間たちから非難され、そして、自分に好きな女性ができても、手もつなげなくて、悩んでしまいます。

　ある母親からの相談の事例です。息子さんは、小学校5年生。中度の知的しょうがいと強い自閉性しょうがいをあわせもつ子どもです。特別支援学校に通っています。

　ここのところ女性の教師にベタベタするようになってきました。お母さんも、息子さんとの「キョリ」をとって、離れて接するようにしてくださいと、懇談会の場で、言われたとのこと。学校では、「"腕一本分"離れなさい」と「指導」しています。家庭でも、同じように接してくださいと。お母さんは、少し納得がいかなかったようで、

こんな話をされました。

息子は、産まれた時から、接触の過敏がとても強く、抱っこしようとすると、背を
そらせて、大きな声で泣きました。抱いてミルクを与えることができず、子どもを床
に寝かせて、哺乳瓶で与えていました。療育の時代は多動も激しく、あいかわらずの
接触過敏で、服装の工夫も含めて、ほんとうに苦労してきました。今でもシャワーを
浴びるのが痛いのか、お風呂も嫌がるような息子です。

こんな息子が、療育などの成果なのでしょうか、小学校3年生くらいから、母親と
の関わりが少しずつできるようになりました。手を握ってきたり、母親がギューッと
抱きしめても、嫌がらなくなってきました。小学校5年生になると、母親が座ってい
ると後ろから抱きついてくるようなことも。やっと愛着形成の取り戻しを少しずつし
ているように思います。小学校5年生なので、二次性徴の兆しもみられ、先生のおっ
しゃることもわかるのですが、いまは愛着関係を大切にしたいのです。どのように学
校の先生に伝えたらよいのでしょうか、というものでした。

このような相談、みなさんは、どう思いますか。

最近、機能しょうがいのある子どもたち、青年たちに対して、性と生の支援実践に
取り組んでいる施設職員から寄せられる困難な課題として、単なる知的機能しょうが
いによる認識機能の発達の遅れや自閉性しょうがいによる感覚機能の混乱による支援
の困難ではなく、愛着機能の不全による支援の困難が重なった事例が多く出されるよ
うになりました。

彼ら彼女らが、生い立ちのなかで、まるごと受けとめられず、常にきょうだいや同
級生などの他者たちとの比較のなかで育てられ、ときに虐待を受けたり、いじめの被
害にあい、深く傷ついた状態から癒やされて
おらず、そのために過度な性的接触を求めて
くるような状況に対して、どのように実践的
に向き合っていったらよいのかという事例で
す。

現在、格差が広がり貧困が増えていくなか
で、〈親密な関係における暴力〉にさらされる
子どもたちが増加しています。育む－育つ、

教える−学ぶという「信頼」や「安心」を必要とする人間関係のなかで起こっていることが特徴です。こうしたことが、青年期、成人期にも、深い影響を与えています。

　日常的なふれあいあそび、フォークダンス、シーツブランコなど、こうした「ふれあいの文化」の教育的な保障が『過度な性的接触』を解消していく方法になりゆくことが言われています。「過度な性的接触」は、教員や職員へのベタベタ、おさわり、子ども同士の支配関係なども含めた性的接触、親と子のベタベタ甘えなど、同意や合意のない性的接触のことです。青年たちの多くは、自分と他者への基本的信頼感と安心感の獲得の欠如である何らかの愛着形成の不全を抱えていました。

　こうした青年たちに特有な「浅くてベッタリした関係」を「ふれあいの文化」の保障を通して「深くてアッサリした関係」へ変えていく実践が必要です。人間的な自立の過程のなかで、一方的な依存、支配的依存（従属）から、相互依存への組み替えの課題ともいえます。青年期には、成人期に至っても、こうした課題が積み残されていることが多いため、このふれあいの文化の保障に焦点をあてた実践をどのように創造して、現場に根づかせていくかということが課題となっています。

　感覚過敏がありがちな自閉性しょうがいの子どもたちの機能しょうがいの特性とともに、認識や感情の発達、特に愛着の形成の大切さ、そして、性ホルモンによる性の目覚めとその対応について、あくまでもこれから大人になりゆく本人の内面と生活を大切にする視点から、教育的な共感的理解と適切な支援が必要です。

　青年期になり、仕事に行くときに、朝の混雑した電車に乗れなくなった青年がいました。好きな人ができて、相手も「いいよ」と合意ができたのに、うまく近づけなくて、困っています。これも、「"腕一本分"離れなさい」の「指導」の影響です。子どもたちのほんとうの意味での"しあわせ"をねがうのであれば、画一的な「指導」とはいえない「指導」の見直しが必要です。ゆるやかな性的接触を保障するなかでこそ、過激で不愉快な性的接触を乗りこえることができるのです。「コロナ危機」の中であるからこそ、感染に気をつけつつですが、他者への基本的信頼感と安心感の獲得の欠如で、何らかの愛着形成の不全を抱えている青年たちに、ルールあるゆたかな「ふれあいの文化」の保障を通して「浅くてベッタリした関係」を「深くてアッサリした関係」へ変えていく実践が求められます。

（木全和巳）

「自慰」を肯定的に
受けとめよう

　相談支援の活動を続けていて、保護者の方や支援者の方から次に多い相談が自慰の相談です。学校や放課後等デイサービスなど、他の人たちがいる前で、性器に触れてしまうことが、特に、中・重度の思春期の子どもたちには、男女を問わずあります。家庭でも、リビングなどでの自慰行為がみられます。

　機能しょうがいのある青年たちにとっての自慰の意義については、次の4つの視点が大切です。

1 「セルフ・プレジャー（自己快楽）」としての自慰

　最近では、自慰を「マスターベーション」「オナニー」という言葉ではなく、「セルフ・プレジャー（快感・快楽・悦び・楽しみ）」と呼ぶこともあります。自慰は、やましいことでもわるいことでもない、自分のからだを自分で使って楽しむ行為であることの主張です。

　村瀬幸浩さんは、「性交は互いの性的親密性を高めながら、一体感の中で喜びを与え合い分かち合う行為であるのに対し、セルフ・プレジャーは自分の体を自分の好きなように扱いながら、ファンタジーに浸りつつ性的緊張を解く行為である」と、特徴づけています。また、カナダでつくられたダウン症候群のある人たち向けの性と生の解説本では、「自慰は、自分でできる自然（ナチュラル）で正常（ノーマル）な行為である」ことが強調されています。

日本では、2005年に全日本手をつなぐ育成会が、『性・SAY・生』というハンドブックを出しました。ここでは、自慰は「思春期において情緒の安定、ホルモンのバランスにつながる行為」と解説しつつ、具体的な絵入りで、男女の自慰のしかたをていねいに説明しています。

　また、PROLOGUEで詳しく紹介した、2019年にメキシコで開催された世界性の健康学会では、「セルフ・プレジャー」を「他者との又は個人単独のエロチックな経験から生じる身体的および／または心理的な満足感と楽しさ」と定義し、性の健康と幸福にとって重要な要素であるとした「セクシュアル・プレジャー宣言」が採択されています。

2 「セルフ・コントロール（自己制御）」としての自慰

　日本家族計画協会の医師、北村邦夫さんは、「マスターベーションは、思春期の子どもたちにとってはまさに理性、セルフコントロールの道だと叫ばずにはおれない」と指摘しています。機能しょうがいのある青年たちも、自慰行為の獲得により性行動を自己コントロールしていく力がつくという仮説です。私たちの聴き取り調査の事例を紹介します。

　自閉性しょうがいのある17歳の青年の事例です。小学校6年生の頃から勃起が始まり、身体の変化に不安を抱きはじめました。本人は怖さと不安からか、抑えつけようと上着の前だけを必要以上にズボンの中に入れ込むこだわりが出てきました。そして時々、イライラからか周囲の人たちに暴力をふるうようにもなりました。中学校に入り、身体も急に大きくなり、性器も成長します。この頃から、上着を入れ込む姿も周囲からは奇異に感じられるようになってきました。保護者の方も、性器に手が伸びると注意するようになりました。そのうちに手で押さえるだけであったのが快楽になりはじめ、ペニスに触るようになりました。ただ、ピストン運動のように具体的な方法もわからず、射精はできていない状況でした。

　保護者による注意も、厳しくなっていきます。中学2年生になると、自傷・他害の行為が多くなり、精神的にもかなり不安定になりました。勃起自体は、現状把握が困難な時、見通しがもてない時に多いようでした。自分から触って大きくすることはあ

りません。

　このような状態の時に、保護者から相談を受けた放課後等デイサービスの支援員が、自慰の方法を具体的に教えました。支援の方法は、公園のトイレなども含めて、本人が落ち着いて対応のできる場所で、いっしょにトイレに入り、本人には性器を出させ、職員は性器の模型で、自慰のしかたを教えました。射精の時に、ペニスから手を離してしまうので、もっているように指導もしました。そして、射精後は、トイレットペーパーで、性器→手→周囲という順番で拭き取ることも教えています。その後は、自傷行為も減っていき、精神的に落ち着いてきています。特別にポルノ雑誌などは利用することはありません。性器が大きくなると、自然に自慰行為をするようです。

　このように、中・重度の知的しょうがいのある青年たちの自慰行為の獲得と日常生活について、聴き取り調査をしていくと、自慰行為の獲得と自己コントロールをする力には、関連があるらしいことが見えてきます。

3 「セルフ・ディスカヴァリィ（自己発見）」としての自慰

　「自己の性器をとおして『からだ・エロス』を見つめ、快感をとおして自体愛を熟成する営みである」と山本直英さんは指摘しています。自慰を通して、自分自身のからだをよく知ることができる営みです。また、多くの自慰行為は、性的なファンタジーを利用します。その時に、自分の性的な好みや性的傾向を知るということと深く結びついていきます。

　聴き取り調査の事例から紹介します。軽度知的しょうがいのある26歳の女性です。自慰は布団の中でしています。「好きな人とキスやセックスをしていると足の先までツンときて気持ちがいい」と話しています。自慰というのは、性的自己発見の行為でもあります。

4 「セルフ・プライバシー（自己秘密）」としての自慰

　性に関することは、とっておきのプライバシーです。特に自分のなかに生じた性のファンタジーは、親しい他者との暴力をともなう性交など、語ることのない内容をもっています。ファンタジーによって、快感を味わい、性の欲求を解消できるようなちからと、このような秘密を自分のなかにもつことができることは、成熟した大人になるための基本的な条件の一つではないかと考えます。同時に、青年期の自立への課題として「一人になることができるちから」、つまり「孤独」を楽しむちからをつけることがとても重要です。一人で孤立した空間で行われる自慰というのは、「一人になることができるちから」を育むために意味のある行為だと考えます。

　関連して、親から精神的に自立をする過程において、その大切なきっかけとして、自慰があると思います。わが子に機能しょうがいがある場合、親の子離れのほうがむずかしいようです。自慰をするようになったら、保護者もそっと見守り、大人になろうとしている本人を一人の人として尊重したいものです。

　自慰は誰にとっても、自然で正常な性の行動であること、自分自身のからだは自分のもので、気持ちよいとか心地よいという自分で自分の性器を通して、快の感覚を育むことで、こうした感覚の肯定的な受けとめが自分自身を肯定的に受けとめていく感覚につながっていくことを確認したいと思います。

　自慰の支援に関しては、「ダメ」はダメで、「ココならよい」「こうすればよい」という支援が大切であることを強調したいと思います。その上で、自慰ができるようになっていくことは、自分自身の性の欲求を自律的に管理（マネジメント）、制御（コントロール）していくちからとなり、さらに自身の生活を自立したものにしていくためのちからにも結びついていく大切な営みであることも、強調したいと思います。

（木全和巳）

障害児者の権利としてのセクシュアリティ教育

CHAPTER 4

　私たちは、セクシュアリティ（性と生）に関する教育を受ける権利をもっています。しかし、残念なことに、日本のおとなたちは、この権利を十分に享受した経験をほとんどもっていません。この状況を「性教育のネグレクト状態」と表現することがありますが、次世代を担う子ども・若者たちにセクシュアリティ教育を十分に保障しないことは、まさに、ネグレクトの連鎖であると言えます。

　このことは障害があってもなくても、何らかわることはありません。むしろ、障害による困難を抱えているからこそ、よりていねいなセクシュアリティ教育が保障されるべきです。しかし、障害があることで、よりセクシュアリティ教育から遠ざけられている現状も見られます。この点について、障害者権利条約は、非常に明確なメッセージを発しています。

障害者権利条約第23条（家庭及び家族の尊重）

1　締約国は、他の者との平等を基礎として、婚姻、家族、親子関係及び個人的な関係に係る全ての事項に関し、障害者に対する差別を撤廃するための効果的かつ適当な措置をとる。この措置は、次のことを確保することを目的とする。

(a)　婚姻をすることができる年齢の全ての障害者が、両当事者の自由かつ完全な合意に基づいて婚姻をし、かつ、家族を形成する権利を認められること。

(b)　障害者が子の数及び出産の間隔を自由かつ責任をもって決定する権利を認

> められ、また、障害者が生殖及び家族計画について年齢に適した情報及び教育を享受する権利を認められること。さらに、障害者がこれらの権利を行使することを可能とするために必要な手段を提供されること。
>
> (c) 障害者（児童を含む。）が、他の者との平等を基礎として生殖能力を保持すること。

　この和訳文は、外務省の責任で条約の英語の原文を翻訳した「政府公定訳」と呼ばれるものです。全体にわかりにくく感じる面も多いと思いますが、特に、１行目に出てくる「親子関係」と「個人的な関係」という表現は、少し不思議な日本語です。「親子関係」の部分の英語の原文は「parenthood」です。文脈によっては「親子関係」と訳すこともあるかもしれませんが、一般的には「親であること」と訳される単語です。「親子関係に係る差別を撤廃する」と「親であることに係る差別を撤廃する」では、だいぶ意味が異なりますが、本来の障害者権利条約の意図に近い訳は後者です。

　「個人的な関係」の部分の英語の原文は「relationships」です。「関係性」「人間関係」などの意味ももつ単語ですが、この文脈で出てきた場合は、「恋愛関係」と訳すのが妥当でしょう。日本語でも性的な関係になることを単に「関係をもつ」と表現することがありますが、このニュアンスの「関係」です。条約の翻訳文という性質上、「恋愛関係」とか「肉体関係」といった訳語を使うことをためらって生み出されたのが「個人的な関係」という訳語ということになります。

　このことをふまえて、この条文の前半部分を端的にまとめれば、障害があっても、他の人と同じように、恋愛をしたり、結婚をしたり、子どもをつくり、親になり、家族を形成したりする権利があるということです。（b）のところで、何人の子どもをもつか、出産の間隔をどうするか、あるいは子どもをもたないかといったことについての責任ある「家族計画」を自由に決定する権利も認められています。ごく当たり前のこととはいえ、障害のある人の恋愛や結婚には、差別・偏見がまだまだ残っていることは否めません。政府公定訳が肝心な部分の和訳を、あえて本来のニュアンスが伝わらないようにしていることも、その一つの現れかもしれません。

　そして、（b）の後半部分では、生殖や家族計画などに関わる情報や教育（ようするにセクシュアリティ教育）を受ける権利があるということを明確に示しています。「教

育を受ける権利」というものは、誰かが、その教育を提供することによってはじめて成立するものです。その提供責任は、条文上は「締約国（障害者権利条約を批准した国）」ということになりますが、国家が直接教育をするわけではありません。実質的には、障害のある方々を支援する立場にある特別支援学級や特別支援学校の教師、障害児・者福祉の支援者が、その責務を負う必要があります。シンプルに言えば、教師・支援者には、年齢に適したセクシュアリティ教育を提供する義務があるということです。

　加えて、「生殖能力を保持すること」とも明記しています。障害を理由に生殖能力を奪うことを認める思想は、まさに「優生思想」です。先ほど、恋愛や結婚に対する差別・偏見に触れましたが、これも、恋愛や結婚の先にある「子どもをもつ」というところへのリンクから発生しているという意味では、優生思想の一端と言えます（詳しくは、「『優生思想』と正面から向き合おう」P43を参照）。障害者権利条約は、優生思想を排除しようという国際社会の宣言でもあるのです。

　一部の特別支援学校では、生徒たちが恋愛をすることを明確に禁止しているということがあるようです。明確に禁止とは言わないまでも、生徒たちが「禁止されていると受け取ってしまうような指導」をしている例や、何らかの制限付きで交際を認めるといった例も少なくありません。障害者権利条約では、「恋愛関係」をもつことも権利であることを明示したわけですので、そもそも、学校が校則等で、恋愛をしていいとか、してはいけないとか言っている時点で、それはその学校の人権意識が問われるべき問題であるということです。

　また、「性教育」の名を借りて、純潔（結婚するまでセックスをしないということ）や禁欲を求めるような指導をしているという話も聞きます。純潔や禁欲は、一つの性行動の選択肢ですが、それを押し付けるような状況は人権侵害であるということは言うまでもありません。

　セクシュアリティ教育を受ける権利が障害児・者にもあるということは、国際社会ではずいぶん前から当たり前に認識されていることです。例えば、1999年に世界性科学会議が示した「性の権利宣言」では、「性の権利は、セックス、ジェンダー、性的指向、年齢、人種、社会的階層、宗教、身体的・情緒的障害にかかわらず、いかなる差別からも解放される」と示しています。障害者権利条約は、2006年の国連総会で採択され

ていますので、当然、この「性の権利宣言」も参考にされているものと考えられます。

　この「性の権利宣言」では、保障されるべきセクシュアリティ教育は、純潔教育や禁欲教育ではなく、「包括的セクシュアリティ教育」であるということも示しています。包括的セクシュアリティ教育については、「国際セクシュアリティ教育ガイダンス」の項目（P39）をご参照ください。

　もう１つ、障害者権利条約の第25条も見ておきましょう。

障害者権利条約第25条　健康

　締約国は、障害者が障害に基づく差別なしに到達可能な最高水準の健康を享受する権利を有することを認める。締約国は、障害者が性別に配慮した（gender-sensitive）保健サービス（保健に関連するリハビリテーションを含む。）を利用する機会を有することを確保するための全ての適当な措置をとる。締約国は、特に、次のことを行う。

　⒜　障害者に対して他の者に提供されるものと同一の範囲、質及び水準の無償の又は負担しやすい費用の保健及び保健計画（health care and programmes）（性及び生殖に係る健康並びに住民のための公衆衛生計画の分野のものを含む。）を提供すること。

　政府公定訳の訳語が不十分な部分には原語を付しました。ここで重要なのは「性及び生殖に係る健康……の分野のものを含む」という点です。「セクシュアル・リプロダクティブ・ヘルス／ライツ（ＳＲＨＲ：性と生殖に関する健康と権利）」という言葉があるのですが、これに関して、障害のない人に提供されるのと同じ範囲・質・水準のヘルスケアや各種プログラムが、無償または負担しやすい費用で障害のある人にも提供されなくてはならないということです。

　もっとも、日本においては、障害のない人に対しても、十分に性と生殖に関する健康と権利が保障されているとは言えない状況があると言えます。この点は、私たち、社会全体の問題として考える必要がありそうです。

（伊藤修毅）

セクシュアリティ教育 の 実践原理

CHAPTER 5

　セクシュアリティ教育を実践するにあたって、常に意識しておきたい原理・原則のようなものを、ここでは3点に絞ってお伝えしておきたいと思います。

1　性的問題行動は性教育要求行動である

　「この子らを世の光に」という言葉で有名な糸賀一雄らを源流とする発達保障論の中では、古くから、「問題行動は発達要求」ということが言われていました。この言葉にならって私たちが大切にしている言葉が「性的問題行動は性教育要求行動である」というものです。

　少しでも性的なニュアンスがある問題行動は、強い叱責や一方的禁止の対象になりがちです。しかし、その行動は本当に問題行動なのでしょうか。人間は、皆、セクシュアリティをもっていて、性的な行動をします。決して問題行動ではない性的な行動が、「障害がある」というだけで、「問題行動」と扱われていることはないでしょうか。まず、「問題行動」という言葉を使うときに、この点には十分に留意したいものです。

　実際に社会的には問題とされかねない行動ということも確かにありえるでしょう。そういった場合に考えたいのは、その行動を引き起こした内面的欲求や興味・関心に応えるような教育をきちんと提供してきたのかどうかということです。「教わっていないので問題を起こした」のであれば、それは、「教えていない人」の責任です。

　例えば、知的障害のある小学校低学年の男の子と女の子が、先生に見つからないよ

うに（結局、すぐ見つかるのですが…）、お互いのパンツを下ろし、性器の見せ合いっこをしていたという場面を考えてみましょう。もちろん、客観的には「問題行動」と認定されることですし、いずれかが不本意であったのであれば、「性暴力」とも言えます。でも、小学校低学年で知的障害もあるということであれば、おそらく、この二人の行動は、思春期以降に見られるような性的な心情に基づくものではありません。おそらくは、異性は自分とは異なる性器をもっているらしいということを知ったけれど、そのことをおとなに確認しようとしたら、怒られたり、ごまかされたりした経験があるのではないでしょうか。そんな中で知的好奇心が芽生え、実際に「確認する」という行動に出たと考えてみてはどうでしょう。だとすれば、この2人の行動は、おとなへの「教えてほしい」というメッセージと言えます。

　ほとんどの「性的問題行動」は、「性教育の欠如」というところに起因していると言っても過言ではありません。だとすれば、「問題行動」と思われるようなことが見られたときは、性教育の絶好のチャンスだと考えてみてはどうでしょうか。「問題行動」を「問題行動」ととらえるのではなく、「そっか、教えてほしいんだな」ととらえることから、その人のニーズに沿ったセクシュアリティ教育が始まります。

2　寝た子は科学的に起こす

　性教育を躊躇される方が、しばしば言い訳のように使っている常套句が「寝た子を起こすな」というものです。「自分の子どもには性的に目覚めてほしくない」と思われる親御さんの気持ちを理解できないというわけではありませんが、でも、子どもはいつまでも子どもではありません。そして、眠ったままでは困るのです。

　これだけ情報があふれている世の中です。インターネットの世界には、正しいものも正しくないものも、あふれるほどの情報が流れています。残念なことに、性にかかわる情報というのは、昔からデマが多いのも確かです。ネット上のデマの中には、学校の先生でさえも信じてしまうような精巧なデマも含まれています。そのようなデマや不確かな情報が先に入って、刷り込まれてしまうことは何としても避けたいところです。だからこそ、先手を打って、科学的に正しい情報で起こすことが必要なのです。

　少し前に「テクノブレイク」というネットスラング（インターネット上に流通する

俗語）が出回ったことがあります。「マスターベーションをしすぎると、『テクノブレイク』が起こって死んでしまう」という偽の情報です。ネット上をたどると、テクノブレイクによる"死亡事例"のフェイクニュースに行き当たります。こういった情報を目にしたときに、「ウソ」であることがすぐに見抜ければよいのですが、科学的に正確な情報が少ない状態では、なかなか見抜くのも難しいようです。

　私が、この言葉を知ったのは、大学の講義で「マスターベーションは何回しても問題ない」という話をしたときに、学生から「『テクノブレイク』になったらどうするんだ！」という怒りのコメントをもらったことがきっかけでした。ちょうど、「テクノブレイク」という言葉が流通している頃に中学生か高校生だった世代で、そのネットで仕入れた情報が「ウソ」であるとはまったく思わず、大学生になっても信じ込んでいたということですね。誤情報が「刷り込まれる」ということの怖さを感じた場面でした。

　科学の世界は日進月歩です。デマではないけど、「古い」情報というのもしばしば見られます。新しい科学的な知見というものは、常に意識的に獲得しようとしていないと、どんどん古くなっていくものです。この本には、PART2で伊藤加奈子先生が最新の知見をまとめてくれていますが、これも「現段階での最新の知見」に過ぎません。教育者・支援者は、常に最新の情報を学び続けるということが大切ですね。

3　ダメダメダメはダメ

　性的な行動が見られると、ついつい、「ダメでしょ！」「そんなことをしてはいけません！」と強く禁止の言葉をぶつけがちです。小さい頃に、いわゆる「性器いじり」をした際に、強く叱責され、その後、性器に触れることが困難になり、排尿や洗うこともできなくなってしまったという事例をしばしば聞きます。性的自立には欠かせないマスターベーションの獲得もできないということは容易に想像できます。

　性的な行動を禁止するということは、いわば「抑圧」です。抑圧されたエネルギーは何らかの形で暴発することがあるわけですが、それが「性加害」「性犯罪」という形となって表れることもあります。性犯罪の加害者にしたくないので、厳しく禁止をするべきという主張をされる方がいますが、性的な行動に対する強い禁止の繰り返しは、結果的に、その人を性犯罪の加害者に近づけることになるということは肝に銘じてお

く必要があるでしょう。

　「性加害」をしてしまった発達障害青年に関わる相談を受けることがあります。親御さんからお話を伺ったところ、「こういうことがないように、厳しくしつけてきたつもりなんです」という言葉が出てきました。学校の先生も、親御さんと一緒に、かなり厳しく指導をしてきたそうです。もちろん、もっとていねいに検討をしなくてはなりませんが、おそらくは、その「厳しい禁止」が、加害行為に至った主要な原因であるという見立ては成立しそうです。

　もう一つ、禁止を避けるべき理由は、支援者との信頼関係が切断されてしまうという点です。障害があるということは、性行動や恋愛などに関しても支援が必要であるということです。困ったときに「困った」と言える支援者の存在は欠かせません。しかし、禁止をした支援者は困ったときに相談の対象にはなりえません。「この人なら相談しても大丈夫」と思える関係を維持するためにも、禁止の言葉を避けていきたいです。

　逆に言えば、性行動や恋愛について、困ったときに「困った」と言ってもらえる関係性を築くのも、また、その際に、その困った理由を伝えるための言葉を獲得するのも、性教育の重要な役割と言えます。

　自分自身が性教育を受けたことがない支援者が、性教育の最初の一歩を踏み出すのは、大変な勇気が必要なことかと思います。タブー意識がある場合は、まずこれから脱却することが必要になります。その上で、セクシュアリティについて科学的な学びを深める必要があります。当たり前ですが、まずは、おとなが学ぶところから始めなくてはならないのです。

　おとなたちは、それまで生きてきた中で、自身のセクシュアリティを築いています。科学的にセクシュアリティを学ぶと、自分自身のセクシュアリティを客観視することにつながります。つまり、自分は、なぜ、性について、このような意識をもち、行動をするのか、ということに自覚的になれます。実は、このプロセスを経ないと、セクシュアリティ教育の実践は、「自分のことは棚にあげて」ということに陥ってしまいます。もちろん、あれこれ考えずに、また、失敗を恐れずに、思いきって実践に踏み出すことも大切かと思います。その際にも、この３つの原理を意識していただければうれしいです。

（伊藤修毅）

東京都立 七生養護学校事件 —その判決に学ぶ—

CHAPTER 6

　東京都立七生養護学校（現在は特別支援学校）は、知的障害児の入所施設に隣接されている学校で、子どもたちの多くは、この入所施設から通ってきています。知的障害児の入所施設ですので、子どもたちの多くは、単に知的障害があるということだけではなく、被虐待を含む非常に困難な経験をしている子どもたちであることが想定されます。こういった子どもたちは、非常に激しい性的な行動を示す場合があります。そんな時に、厳しく、上から抑えつけるような指導を行っても、何の効果もありません。このことに気づいた先生方が、ていねいに子どもたちに向き合い、教職員集団で検討を重ねる中で、創り出したのが「こころとからだの学習」と呼ばれた性教育実践です。

　いわゆる「エイズパニック」もあり、日本の教育界が性教育に目を向け始めた頃ということもあり、当時、七生養護学校の性教育実践は、先進的で東京都の中でも優れた実践として紹介されていました。しかし、2003年7月2日の東京都議会をきっかけに、この状況は一転しました。

　ある都議が七生養護学校の性教育が過激であるという質問を行い、これに対し、横山教育長は「性器の正確な名称を使っており、完全に不適切である」と、石原知事は「こういった教師は異常な信念の持ち主」と答弁しました。その2日後には、質問をした都議を含む3名の都議と教育委員会の職員、そして産経新聞社が視察と称して七生養護学校に乗り込み、恫喝的な方法で教材などを持ち去りました。産経新聞は、その際に、性教育で使う人形を、性器を露出した状態にして写真を撮影し、翌日の朝刊に「過激性教育を都議が視察、まるでアダルトショップのよう」と書きたてました。この前

年度まで七生養護学校の校長であった金崎満さんは降格処分となり、一般の先生方は、厳重注意を受けた上で３年間のうちに全員が強制異動となりました。

　これが「東京都立七生養護学校事件」の概要です。この事件は、その後、２つの裁判が行われました。一つは、金崎さんの処分取り消しを求める裁判で、言うまでもなく、金崎さん側の勝訴となりました。もう一つは、先生方が原告となって都議・都教委・産経新聞社を訴えた裁判で、「こころとからだの学習」に関する裁判ですので、「ここから裁判」と呼ばれ、約10年の裁判闘争が続きました。その最高裁判決が出た際のニュース記事を引用します。

都議らと都の敗訴確定＝養護学校性教育訴訟─最高裁

　東京都立七生養護学校（現七生特別支援学校）に勤務していた教諭らが、性教育の授業を不当に批判されたなどとして、都議ら３人と都などに約3000万円の損害賠償を求めた訴訟で、最高裁第１小法廷（金築誠志裁判長）は28日付で、原告、被告双方の上告を退ける決定をした。都議ら３人と都に計210万円の支払いを命じた一、二審判決が確定した。

一、二審判決によると、同校は知的障害のある子どもの性に関する問題行動を防ぐには正確な理解が必要との考えから、性器の模型を使うなど独自の性教育に取り組んでいた。都議らは2003年の同校視察の際、「感覚がまひしている」と教諭らを批判。その後都教委は「不適切な性教育をした」などの理由で教諭らを厳重注意とした。

一、二審は、教諭らを批判した都議らの発言は侮辱行為で、教育への不当な支配に当たると指摘。都教委による厳重注意も違法と判断した。

（時事ドットコム：2013/11/29-18:18）

　判決としては不十分な点も残るのですが、先生方の勝訴という形で裁判を終えることができました。この最高裁判決は、高裁判決が裁判所の最終判断であるということですので、ここで高裁判決の中から非常に重要と思われる部分を引用します。

　　知的障害を有する児童・生徒は、肉体的に健常な児童・生徒と変わらないのに、理解力、判断力、想像力、表現力、適応力等が十分に備わってないがゆえに、また、性の被害者あるいは加害者になりやすいことから、むしろ、より早期に、より平易に、より具体的（視覚的）に、より明瞭に、より端的に、より誇張して、繰り返し教えるということなどが『発達段階に応じた』教育であるという考え方も十分に成り立ち得るものと考えられ、これが明確に誤りであるというべき根拠は、学習指導要領等の中に見出せない（後略）

　「より早期に、より平易に、より具体的（視覚的）に、より明瞭に、より端的に、より誇張して、繰り返し教える」というフレーズは、私たちが知的障害のある方々にセクシュアリティ教育を保障していく上で、常に意識すべき方法論と言ってよいのではないでしょうか。「より平易に」から「より誇張して」までの部分は、知的障害のある方々に何かを伝えようとする際に、多くの方が心がけていることかと思いますが、ここでは、それらに「より早期に」「繰り返し」ということが付け加えられていることを意識したいと思います。

　性教育を始めようとしている方の多くは、「いつごろから始めればよいのか？」という悩みをもたれているようです。あるいは、「まだ早い」「発達段階に合ってない」という言葉を言い訳に、実践に踏み出すことを躊躇されている方も少なくないようです。この判決文が、第一に掲げた方法論は「より早期に」です。日本の性教育は国際的にみれば「遅すぎる」わけですので、「早すぎる」と思うくらいでちょうどよいという感覚でよいのではないでしょうか。

　「繰り返し」という言葉も大切にしたいところです。特に学校では、「性教育」の時間が必ずしも十分にとれないことが多い状況です。でも、一度学習して十分に身につくということは考えられません。一度学習したことでも、本人たちの思いを受けとめながら、少しずつ深めつつ、繰り返し学習していくことが大切です。学校で学習したことを、家庭や放課後等デイサービスで学び直すといったことがあってもよいかと思います。

　最後に、「学習指導要領」に照らしても誤りという根拠は見出せない、という点は非

常に重要です。学校で性教育をする際には、「学習指導要領的に大丈夫か？」という不安がつきまとう先生がいらっしゃるのも事実です。しかし、学習指導要領は、最低基準を示した大綱的基準に過ぎませんので、学習指導要領を「超えることをやってはいけない」ということはまったくありません。むしろ、子どもにニーズがあるのであれば、超えて当然の存在です。「受精に至る過程」の扱いなど、「はどめ規定」と呼ばれる部分も残されていますが、そもそも「はどめ規定」自体が、学習指導要領の自己矛盾ですので、この点に縛られて、実践の幅を狭める必要はありません。

　さて、この事件の後日談です。この「ここから裁判」の被告として敗訴した３人の都議のうちの１名が、七生養護学校事件から約15年、最高裁判決から約５年を経た2018年３月に都内の中学校で行われた性教育実践を挙げ、再び、都議会の場でバッシング質問をするという暴挙に及びました。このような「無反省」な人間が、なんと７回も都議会議員選挙に当選しているという現実には驚かされました（※当該都議は、2020年３月に現職議員のまま亡くなられました）。

　重要なのは、この2018年のバッシング質問に対する世論の受けとめです。2003年に七生養護学校がターゲットになったときは、必ずしも七生養護学校の性教育に賛同する世論ばかりではありませんでした。むしろ、バッシングに賛同する一部マスコミも見られましたし、なによりも政権与党内に、「過激な性教育・ジェンダーフリー教育実態調査プロジェクトチーム」が立ち上げられ、当時、内閣官房長官だった安倍晋三氏がその座長となり、バッシングを先導するという状況がありました。

　しかし、2018年のバッシングに際しては、多くのマスコミがバッシングのほうを問題視し、インターネットメディアなどでも、もっと性教育をすすめるべきという論調が目立ちました。この時、都議会は、中学校を管轄する区の教育委員会に対し、“改善”指導をしようとし、それに対し、性教協（“人間と性”教育研究協議会）が、それを中止するべきという申し入れを行いました。このことを、七生養護学校事件の被告でもあった産経新聞が報道したということからも、マスコミや世論の「変化」を感じ取ることができます。

（伊藤修毅）

国際セクシュアリティ教育ガイダンス

CHAPTER 7

　セクシュアリティ教育の内容は、まだまだ試行錯誤の連続です。それは、決して、日本だけではなく、世界各国で科学的な研究とさまざまな教育実践を深める中で、少しずつ整理されていっています。そんな中で、重視されてきたセクシュアリティ教育につける形容詞が「包括的な（comprehensive）」です。いまだに、結婚するまでセックスをしてはいけないということのみを伝える「純潔教育」が行われている場合もあるようです。純潔教育では、避妊も性感染症の予防も取り扱うことはありませんので、徹底すれば徹底するほど、望まない妊娠が増えるということは想像に難くありません。そして、このことは単なる想像ではなく、統計的にも立証されているそうです。

　セックスのこともきちんと教える、セックスを教えるからには避妊や性感染症の予防も伝える、こういったことを理解するためには科学的なからだの仕組みを知っていることが大前提、そもそもセックスを考えるためには人間関係の学びも必要……と、セクシュアリティ教育は非常に広い範囲のことを取り扱う必要があります。こういったものを包括的に取り扱うのが「包括的セクシュアリティ教育」という考え方です。

　非常に広い範囲の内容を扱いますので、系統的な整理が必要です。世界各国の性教育の実践・研究をふまえ、ユネスコやユニセフなどの国連の専門機関が共同して作り上げ、2009年に公表したのが「国際セクシュアリティ教育ガイダンス」（以下、「初版ガイダンス」）です。

　本来、こういった国際的な教育指針が発行されたら、文部科学省に相当する国の機関が責任をもって翻訳をし、学校現場に伝えるべきことですが、残念ながら日本の文

部科学省は「既読スルー」をしました。そこで、日本では、"人間と性"教育研究協議会に関わる研究者たちが力を合わせ、ユネスコにも許諾を取り、ようやく2017年に翻訳書が出版されました。「初版ガイダンス」発行から翻訳書の出版まで、実に8年近くを要したわけですが、その間に、ユネスコなどは、着々と、初版ガイダンスの改訂作業に取り掛かっていました。そして、翻訳書の出版からわずか半年後、ユネスコなどは「【改訂版】国際セクシュアリティ教育ガイダンス〜科学的根拠に基づいたアプローチ〜」（以下、「改訂版ガイダンス」）を発行しました。日本の性教育の遅れを示す出来事の一つですね。

　改訂版ガイダンスについては、初版の翻訳者たちが精力的に翻訳活動を展開し、わずか2年ほどで翻訳を完成させ、2020年夏には翻訳書が出版されました。現在、この翻訳書は明石書店より出版されています。また、この翻訳は、ユネスコの公認日本語訳ですので、ユネスコのホームページからPDF版をダウンロードすることも可能です。

　さて、ガイダンス（初版・改訂版を峻別する必要がない場合は、単に「ガイダンス」と示す）では、「障害」について、どのように位置づけているのでしょうか。初版ガイダンスでは、脆弱性（vulnerability）という表現が頻繁に使われています。序論では、「子ども・若者は、すべて、性的虐待、性的搾取、意図しない妊娠、HIVを含む性感染症などに対して脆弱性を持っている」とした上で、「他の子ども・若者よりも、脆弱性の高い子ども・若者がいる。例えば、児童婚させられている思春期の女子、すでに性的にアクティブな子ども、あるいは障害を持っている子どもなどである」と示しています。

　つまり、子ども・若者はすべて脆弱性をもっており、その中でも特に脆弱性の高い子ども・若者がいて、その例として「障害を持った子ども・若者」が挙げられているということです。このような考え方が前提ですので、初版ガイダンスを通読しても、「障害」という言葉が使われている部分は限られています。一方、改訂版ガイダンスでは、障害のある若者について、かなり踏み込んだ言及があります。

3　若者の健康とウェルビーイング（幸福）

3.3　子どもたちや若者のサブグループに影響する具体的な性と生殖に関する健康

　　　　ニーズやその他の課題

障がいのある若者

　歴史的に、障がいのある人々は性的な欲望がない、もしくは性的抑制がきかない
とみなされることがあり、性教育は一般的に必要のないもの、または有害なものと
さえ考えられてきた。障がい者の権利に関する条約の成立とともに障がいとともに
生きる若者の人権の保障に向けて前進したのはほんの一握りの国々でしかない。調
査では、障がいのある若者は性的暴力の被害を受けることが多く、またHIV感染に
対してもより脆弱であると示されている。障がいのある若者への既存の教育はセッ
クス（性行動）を危険なものとして扱い、障がいのある人のセクシュアリティは問
題のあるものとしていた過去の言説を繰り返すことが多い。精神的、身体的、また
は情緒的障がいのある若者の誰もが性的な存在であり、最高水準の健康を維持する
ことを含む、かれらのセクシュアリティを楽しむ権利、良質なセクシュアリティ教
育と性と生殖に関する健康サービスにアクセスする権利を同時にもつ。

　障害者には「性的な欲望がない」「性的抑制がきかない」「性教育は必要ない、また
は有害なもの」という認識は「歴史的」なものとし、障害者の「セックス（性行動）
は危険なもの」「セクシュアリティは問題のあるもの」としていた既存の教育を「過去
の言説」と断罪しています。ユネスコをはじめとする国際機関が、ここまで明確な表
現で、今までに誤った認識があったことを示していることは重く受けとめる必要があ
ります。

　また、ここに引用した項は、障害者権利条約の影響を強く受けていることも明らか
です。P27で、障害者権利条約の第23条や第25条を紹介しましたが、「精神的、身体的、
または情緒的障がいのある若者の誰もが性的な存在であり、最高水準の健康を維持す
ることを含む、かれらのセクシュアリティを楽しむ権利、良質なセクシュアリティ教
育と性と生殖に関する健康サービスにアクセスする権利を同時にもつ」という一文は、
まさに、障害者権利条約第23条および第25条の理念を要約していると言えます。

　詳しくは、改訂版ガイダンスの翻訳書をお読みいただきたいのですが、ガイダンス
では、包括的セクシュアリティ教育の学習目標・内容を、5〜8歳、9〜12歳、12〜
15歳、15〜18歳以上の4つの年齢グループに整理しています。そして、この年齢グ

ループごとの「学習者について吟味されたすべての情報は、学習者の認知能力に一致させるべきであり、知的障がいや学習障がいのある子どもや若者にも注意が払われるべきである」と説明しています。

　ともすると認知能力が5歳に満たない障害者には、性教育を行わなくてもよいという誤解を招くおそれもある一文ですが、もちろん、それはガイダンスの意図にはそぐわない解釈です。ここでは初版ガイダンスが"should pay attention to"という表現を使っていたことから「注意が払われるべき」という訳が残されていますが、改訂版ガイダンスでは、この部分は"should be inclusive of"に変更されており、訳語としては「（知的障がいや学習障がいのある子どもや若者も）包容されなくてはならない」となるべきものです。つまり、障害の有無にかかわらず、誰もが学習から排除されないということです。

　ヨーロッパに移住したある女優さんが、「日本の性教育は50年遅れている」というコメントをされていました。ガイダンスを学ぶと、このコメントが的を射ていることを感じさせます。例えば、改訂版ガイダンスに「セックス（性行動）を遅らせたり、性的に活発になったりすることを選択することのメリットとデメリットを比較対照する」「セックス（性行動）や恋愛関係において下す決断が、自分の将来設計にどう影響しうるかを省察する」という学習内容が示されていますが、いずれも9〜12歳の学習内容です。つまり、この程度のことは小学生のうちに学習しておくべきことということです。

　東海大学の小貫大輔氏は「ユネスコが出しているガイダンスは、世界中の国々に向けられたもので、例えば（保守的な）アラブの国でも、このぐらいだったらやれるでしょう、やらなきゃいけないよね、という提案なんです。だから、そういう意味では、保守的な書き方がされているというか、まだまだ『誰でもできるでしょ、このぐらいは』という感じのものを入れていると思います」（日本性教育協会「現代性教育研究ジャーナル」No.121より）と述べています。ガイダンスを一読し、「このぐらいだったらやれる」と思える人が、日本にどれだけいるのか、甚だ心もとないですが、多くの人が「このぐらいだったらやれる」と思えるようにならないことには、日本の性教育は50年遅れのままなのだと思います。

（伊藤修毅）

「優生思想」と正面から向き合おう

CHAPTER 8

　2016年 7 月26日未明、神奈川県相模原市の「津久井やまゆり園」で、19人のしょうがい者を殺害、職員を含む27人が重軽傷を負った事件がありました。「相模原障害者殺傷事件」と呼ばれています。この事件の容疑者は、事件後も、自分の行為については、「意思疎通のとれない人」を「心失者」と呼び、こうした人たちの「安楽死」については、今も肯定する主張を続けています。

　この事件は、①戦後最悪の大量殺人事件であったこと、②被害者が「重度知的しょうがい者」だったこと、③報道の際に被害者の名前が伏せられたこと、④加害者がこの施設で働いていた職員であったこと、⑤加害者が事件前に精神病院に「措置入院」をしていたこと、⑥事件前事件後に加害者が書いた手紙の内容が「優生思想」を肯定する内容であったこと、⑦事件後の「建て替え」を議論する際に「脱施設」や「地域移行」の問題が問われたことなど、これまで「しょうがい者」の「人間の権利」に関する課題について目を背けてきた日本社会に、大きな衝撃を与えました。

　議論すべきことは多々あります。この事件の本質を「優生思想」にもとづく「ヘイトクライム（憎悪犯罪）」として捉え、考えてみたいと思います。

　「優生思想」とは、優生学がもとになっています。優生学とは、ダーウィンの従弟であるゴールトンが1883年に作り出した言葉で、ギリシア語の〈よい種（たね）〉に由来します。この優生学のもとになっている「不良な遺伝子を持つ者を排除し、優良な国民のみを残して繁栄させるという思想」が優生思想です。「社会的ダーウィニズム」とも呼ばれます。機能しょうがいに関する遺伝要因を重視し、優良遺伝子をもつもの

を繁栄させ、劣等遺伝子をもつものを減少させるという政策につながります。具体的には、不妊手術、婚姻の禁止、出生前診断などが挙げられます。

こうした思想は、20世紀初め、アメリカなどで断種法として政策化されました。1933年には、ナチスドイツでは遺伝病子孫予防法が施行されました。ナチスドイツ下では、多くのしょうがい者がＴ４計画の中で収容所に送られています。日本においては、戦前1940（昭和15）年の国民優生法、戦後も受け継がれた1948（昭和23）年制定の優生保護法が、1996（平成8）年に母子保護法に改正され、「優生上の見地から不良な子供の出生を防止する」という項目はやっと削除されました。

国の調査では、同意のないまま優生手術を受けた人は同法施行期間中、全国で1万6475人に上っています。現在になってやっと当事者たちが声をあげ、いま裁判になっています。加えて、現代では、科学技術の発展により簡便に遺伝子検査が行われるようになり、出生前診断における機能しょうがいのある可能性による中絶の是非が社会的倫理的な問題となっています。加えて、着床前の診断も行われようとしています。

そして、「ヘイトクライム」とは、ある属性（国籍・民族・肌の色・性別・宗教・機能しょうがいの有無・出身地や居住地など）をもつことを理由に、それらに対する憎悪や排除意識から、こうした属性をもつ人たちを標的にした犯罪行為・迫害行為です。

たとえば、事件前加害者が衆議院議長に宛てた手紙には、「目標は重複障害者の方が家庭内での生活、及び社会的活動が極めて困難な場合、保護者の同意を得て安楽死できる世界」であり、「障害者は不幸を作ることしかできません」と書かれていました。また、事件後、マスコミ関係者と交わした手紙にも、重度知的障害者を殺傷したことに対する反省はなく、「意思疎通がとれない人間を安楽死させます。また、自力での移動、食事、排泄が困難になり、他者に負担がかかると見込まれた場合は尊厳死することを認めます」と、経済と家族のためと称して、自分の行為を正当化し続けています。

確信的な「優生思想」にもとづく犯行であり、重度知的障害者に対する憎悪をともなう「ヘイトクライム」です。そこには、「優生思想」と「社会防衛思想」が重なり合った強固な「差別意識」が横たわっています。

こうした犯行について、ネット空間の中では、「考えてみてほしい。知的障害者を生かしていて何の得があるか？　まともな仕事もできない、そもそも自分だけで生活することができない。もちろん愛国者であるはずがない。日本が普通の国になったとし

ても敵と戦うことができるわけがない。せいぜい自爆テロ要員としてしか使えないのではないだろうか？　つまり平時においては金食い虫である」という言葉にみられる「匿名の本音」が拡散するなどして、日本社会の中にある「ヘイトクライム」への同調意識と「人権意識」のもろさをあぶりだしました。

　こうした思想や行動は、現代の日本社会に巣くう「新自由主義的な人間観」に強く影響されています。この人間観は、労働力の担い手としての経済的価値や能力で人間を序列化する社会であり、人間の尊厳や生存の価値を否定する日本社会の中に根深く巣くっています。

　加害者は、「軍隊を設立します。男性は18才から21才の間に一年間訓練することを義務づけます」とも提案しており、ここには、「国家主義的な人間観」も色濃く出ています。軍備拡大の予算の確保のためには、重度しょうがい者のための予算は不要という考え方です。歪んだ愛国心、自国中心主義の発露が垣間見られます。さらに、「女性の過度の肥満を治す為に訓練施設を設立します。また美は善行を産みだす理由から、初期の整形手術費の一部を国が負担します」という女性を外見で判断する「女性蔑視」の考え方ももっています。また、「カジノ産業に取り組む」「大麻を合法化する」という提案もしていて、ギャンブルや薬物に親和的でもあります。

　こうした加害者の考え方は、格差が広がり貧困層が増える中で、希望が見い出せず「生きづらさ」を抱える若者たちの一部にも共通している心性でもあります。同時に日本国政府が推し進めようとしてきた社会施策を一定反映していること、こうした政策の背景にある考えが、日本社会の中に根深くはびこり、浸透している内容であったことが、事件を社会問題化させました。いま、現役の国会議員が、「LGBTの人たちは生産性がない」ということも書いています。

　わたしたちは、こうした「優生思想」や「優生思想」にもとづく「憎悪」の感情や行為について、改めて向き合うことが求められます。

（木全和巳）

「相談」と「学習」の 大切さを 確認しよう

CHAPTER 9

　わたしが、しょうがいのある人たちの性と生の相談と支援を実践する時に、一番大切にしていることは、自分のからだとこころが大切に思えるような自分を育てていくことです。「大切なわたし」です。「自己肯定」の感覚です。虐待などで愛着形成に課題があるからこそ、また、発達にも遅れやもつれなどの課題があっても、からだのはたらきに不自由があっても、これらも含めて「大切なわたし」という感覚です。この感覚があって、多様な他者一人ひとりを「大切なあなた」として、はじめて尊重できるようになります。

　相談と支援は、その過程の中で、支援者として、本人の中に、「自己肯定」の感覚が育まれるように行います。自分の能力がうまく発揮できていないからだやこころの状況や、こうした状況の中でもっとも身近な親たちなどの関係も含め、大きな傷つきも抱えています。何気ないまなざしや態度を被害的に受けとめる傾向もあります。

　ひとは一人ひとり異なる存在ですが、同調圧力も強く、「ふつう」に過剰にあこがれます。セクシュアリティは、"モテ"のような対人関係の評価に直接結びつきやすいので、外見も含め、どうにもならないからだの状態のような気持ちが読み取れなかったり、むずかしいことがわからなかったりするこころのはたらきがうまくいかないことは、深く自分を傷つけることにつながりやすいのです。

　そのためにも、①からだとこころの科学の知識、②かけがえなさとしあわせを求めるための人権という価値、そして、③「男女」問わず多様なセクシュアリティをもつ人と人とが共に生きるという共生の思想、そして、④人としてすっくとひとり立ちし

ていく自立と自律に向けての発達のための学習と教育が必要になります。

　こうしたことは、「学習」を中心とした「対話」が保障された活動を通してしか、育むことができません。個別の相談も大切ですが、グループにおける学び合いがそれにも増して大切になります。

　意図的、意識的ではなく、よかれと思っている、励ましているつもりであっても、子どもたちは、深く傷ついています。自分が自分であってよいという自己存在が肯定されないまま、将来への見通しのなさという不安を抱え、自信がなく、少し頼れそうな支援者に対して、過度の依存を示す子どもたち、青年たち、おとなたちです。

　こうした人たちは、「居場所」がなく、「孤立」しています。どうしても「居場所」をみつけることができずに、それでも、自分をみつけようとするとき、その人のなかに、言葉が生まれます。それは、言葉にならない言葉です。やっと相談の場面に出会えても、はじめは、重い沈黙の言葉でもあります。そう簡単にわかってたまるかという言葉でもあります。そして、やっとポツポツと語り始めるとき、そこにわずかな希望をお互いに確認することができます。

　相談は、対話の連続です。対話というのは、自分自身のおもいや考えに対して、間違っていないという「信頼」がないと、相手の意見に一方的に従うだけになってしまいます。同時に、自分のおもいや考えがもしかすると間違っているかもという否定しながら受けとめる柔軟性がないと、かたくななままです。相談の場面では、このように相談する側もされる側も、お互いに、自分の意見を時に否定的に受けとめ、他者は異なる意見をもつことを前提に、いっしょに考えていくことが大切になります。からだとこころの学習の場面では、こうした対話的な学びが、さらに有効です。保護者たち、支援者たちの学習の場づくりも大切ですが、何よりも本人たちの学びの場づくりが、重要です。安心して、何でも話せる、学びの場です。

　異年齢の集団や親とは異なる他の大人たちとの関わりは、特に思春期、青年期の子どもたちにとっては欠かせない条件です。

　思春期の“からだ”と“こころ”の変

化や機能しょうがいとしょうがいについて、学び合うことが必要です。思春期は、自分で選んだ友だち、あこがれの身近な先輩、恋人、そして、信頼できるおじやおばなどの影響を受けながら、親と向き合い、親を乗り越えようとする時期だからです。

こうした学び合いを通して、育ちゆく土壌が豊かになり、大人になっていくちからを育んでいきます。

こうした学び合いは、あくまでも子どもたちの興味関心に寄り添い、疑問に応える内容であることが大切です。「ロールプレイ」「調べ学習」などの方法も有効です。

子どもたちとともにつくる学び合いのテーマには、たとえば、次のような内容があります。

「（1）からだがとっても、大きくなったこと、これからのからだの変化、性器の名称、かんたんな働きなどを学び合うワーク／（2）性器の模型などを使いながら、二次性徴による月経や射精のしくみを学び合う学習／（3）タッチの学習、自分のからだ、プライベートゾーン（パンツで隠れるところ）、他者のからだ、プライベートゾーンに、触れるときの是非とスキルについて、学び合う学習」です。

いかに困難な現状であっても、施設の中で、学校とも共同しつつ、地域の保健所などの協力もえながら、ともに学びを創りながら、「最善の利益」の視点で、地道に大胆に実践をし続けること以外、解決への道はありません。

誰にとっても、たった一つの〈いのち〉、一度きりの〈人生〉、取り戻せない〈生活〉。何よりも困っていて支援や教育を求めているのは、当事者たちなのです。

誰もがしあわせになるために生まれ、生きています。性と生は、ひとがしあわせに生きていくためには、欠かせない人間関係の活動です。よろこびもありますが、ときに、つらいおもいをすることもあります。こんなときに、相談できる関係をつくりつつ、本人にもこうしたちからを育むことも必要です。「生きづらい」と感じたら、もっとしあわせになりたいと「夢」をもったら、相談をするとよいことを伝えることも大切です。相談をすると、安心でき、勇気がわき、自信がもてます。自分でやってみたいことがみつかります。自分でやれることもわかります。そしてなによりも、ひとりぼっちでないことに、「気づき」ます。学び合いと育ち合いを、そして、相談できる関係とちからをていねいに育み合いたいですね。

（木全和巳）

PART 2

思春期のこころと
からだの変化

伊藤 加奈子
ココカラウィメンズクリニック院長
特定非営利活動法人ウーマンリビングサポート代表理事
特定非営利活動法人全国子ども福祉センター理事
一般社団法人子ども若者支援センター副理事

子どもたちを守り、
サポートするために大切なこと

　若者をとりまく社会問題や生きづらさを、思春期外来を通じてたくさん目にします。

　下記に列記したものはその一部ですが、たくさんの子どもたちが私たちが思っている以上に多くの困難をかかえています。

❶ 性被害

❷ 予期しない妊娠・人工中絶

❸ 自傷行為（リストカットなど）

❹ 貧困

❺ DV・虐待

❻ JK（女子高生）、JC（女子中学生）ビジネスなどの違法風俗（性的搾取）

❼ 不登校・いじめ

❽ 摂食障害

❾ 自尊感情の低下

❿ 子どもの自殺

⓫ LGBTs（性の多様性）

⓬ 発達障害やボーダーラインの知的障害

などです。

　一つひとつでも十分に重たい問題ですが、みなさんに知っていただきたいのは、こういった悩みをかかえた子どもたちの多くは、これらの問題を単独ではなく複数かかえているということです。行政のような縦割りの支援では、三つ四つ、ときに七つ八つ複数の悩みをかかえる子どもたちの力になることはできません。これらの問題について、多くの人が現状を知り、理解を深めるとともに最新の性教育の知識を身につけ

ることでたくさんの子どもたちを守り、サポートできる大きな力となります。

　今求められるのは人権教育を含めた包括的な性教育です。

CHAPTER 1 性って何だろう？

1　性をめぐるさまざまな問題

　デートDV、レイプなどの性被害、性虐待、予期しない妊娠、性感染症など、性にまつわるトラブルは、多くの子ども若者の深刻な問題となっています。人間関係において、お互いを尊重し、認め合う気持ちがあることが最も大切なことです。残念ながらそれがなく、その関係性が対等でない場合には、さまざまな問題を引き起こします。

2　DVと性暴力

　「DV（domestic violence）」は家庭内暴力を表す言葉です。日本では婚姻関係（内縁含む）にある間におこる暴力をさします。「デートＤＶ」とは結婚していない、交際しているカップル間におこる暴力のことです。

　また「DV」にはいろいろな種類があります。

身体的な暴力	殴る、蹴る、モノを投げる、刃物で脅すなど体を直接的に傷つける
精神的な暴力	ひどい言葉で傷つける、脅す、監視する、友だちとの交際を制限する、無断でメールチェックをする、相手の大事なものを壊すなどのいやがらせをするなど
経済的な暴力	お金をたかる、借りたお金を返さない、仕事（バイト）を制限する、お金を自由につかわせないなど
性的な暴力	キスやセックスを強要する、避妊しないなど

交際関係があっても、性交を強要するのはレイプです。

　親子など上下関係で上の者が、その力を利用して性的な接触の強要があるのが性虐待。子どもに性的なものを見せるのも性虐待の一つです。自分の性的欲求を満たすために、他者の尊厳を踏みにじる行為があってはなりません。

　同意ある性交であったとしても、予期しない妊娠や性感染症といったトラブルがおこることはあります。からだとこころが大きく傷つくのは多くの場合女性です。正しい性教育・避妊教育がいきとどいていない結果として、予期しない妊娠はいまだに多くあります。

3　性ホルモンの働きで発育する部位に現れる特徴

　人間の発達は、生物学的には、大きく5つの時期に分けられます。小児期、思春期、性成熟期、更年期、老年期です。

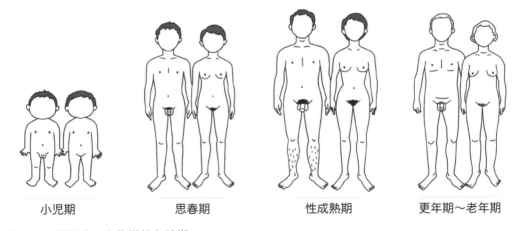

| 小児期 | 思春期 | 性成熟期 | 更年期〜老年期 |

図1 ●人間発達の生物学的な時期

　思春期は、女性の場合、二次性徴がスタートする8、9歳ごろから、初経を経て二次性徴の完成と月経がほぼ規則正しくくるようになる17、18歳ごろまでを指します。その後、妊娠や出産をする性成熟期があり、更年期では、月経が不規則になりやがて閉経に至ります。

　二次性徴とは、ホルモンの影響を受けて男女のからだの違いが顕著になることをい

います。それでは、具体的に二次性徴をみてみましょう。

① 女の子のからだの変化

　二次性徴の現れ方には、およその順番があります。まず体重が増え、からだ全体が丸みをおびてきます。乳房が膨らんできて、脇の下や性器のまわりなどに毛が生えてきます。腋毛と性毛です。最後にぐんと身長がのび、初経を迎えます。個人差はありますが、女子は男子に比べ、2年ほど早く思春期を迎えるといわれています。

② 男の子のからだの変化

　男子の場合、男性ホルモンの分泌量がふえはじめるとからだ全体ががっしりしてきます。声のトーンが変わり、低い声になります。いわゆる声変わりです。ひげが生え、脇の下や性器のまわりに毛が生えてきます。小学校高学年〜中学生の頃に射精を経験しますが、初めての射精のことを精通と呼びます。

③ 外性器の変化

　からだの外側に見えている性器を「外性器」と呼びますが、形も大きさも小児期とは大きく変化してきます。

　女子の場合、性器を覆う柔らかい部分が大陰唇、その内側に薄いひらひらとしたものが小陰唇。小陰唇を開いてみると、お腹側に尿の出口、尿道口があり、これより背中側にむかって、膣口、肛門と3つの穴があります。膣は日頃は月経血の通り道、妊

〈開いた図〉

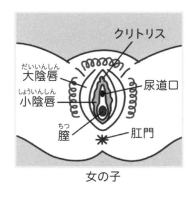

女の子　　　　　　　男の子

図2 ●女の子の性器　男の子の性器

娠して分娩する時は胎児の通り道、産道となります。

　一方、男子の場合、ペニスの先端に尿道口があり、尿の出口であり、また精液の通り道でもあります。ペニスの根元の両脇には左右の精巣を入れた袋、陰のうがあります。

④ 変化はいつごろ訪れる？

　東京都の調査では、男女とも小学校4、5年ごろから変化が現れはじめ、中3女子の95.1％に初経を、男子の49.2％に精通が認められています。

　初経がある、射精がある、ということは、つまり性行為によって妊娠する能力がある、相手を妊娠させる能力がある、ということです。

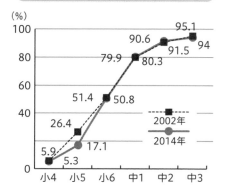

図3 ●①初経が発来した学年（中3累計）

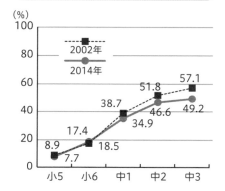

②精通が発来した学年（中3累計）

出典：東京都幼・小・中・高・心性教育研究会 2016 年度

4　女の子のからだ

　日本家族計画協会の示すデータでは、女子高校生の性に関する悩みは、1位が緊急避妊について、2位が妊娠不安に関すること、3位がピルに関すること、と、予期しない妊娠に対する不安や悩みを

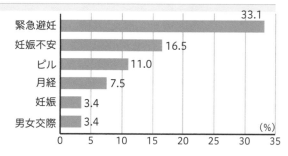

図4 ●女子高校生の5大悩み

出典：日本家族計画協会　思春期・FP ホットライン 2016 年度データ

抱えている女子がたくさんいることがわかります。また、元気そうに見受けられても、精神面や病気についても悩みを抱えている場合が5%程度あるようです。

① 月経（生理）とは？

日本産科婦人科学会の月経の定義では「ある間隔すなわち一定の周期をもって反復する子宮体内膜からの出血」とされています。初経年齢も、持続日数も、周期日数も個人差がと

表1 ● 月経（生理）とは？

初経年齢	10〜14歳（平均12.5歳）
周期日数	25〜38日（変動±6日以内）
持続日数	3〜7日（平均4.6日）
月経血量	20〜140ml

ても大きいものです。大切なことは、まずは「自分（お子さん）の月経の普通（平均）」を知って理解しておくことです。

40日でもそれがその人のいつもの月経なら、OKです。ただ、その「いつも」のが、変わったときが要注意です！ いつもより量が多い・少ない。長い・短い。月経がこない。月経が頻回などです。いつもと違う！ に気がついて心配になったときは婦人科・産婦人科を受診してください。

月経とは…「妊娠に備えるためのしくみ」。卵子の成長と排卵に注目して、月経のしくみを見直そう！

② 正常の月経周期について考えてみましょう。

多くは月経と月経の間に起こる「排卵」をしたときに、精子と出会うと妊娠します。そうすると妊娠を維持するために月経はこなくなります。月経というのは妊娠のために準備した子宮内膜がはがれ落ちる現象で『妊娠しなかった』というサインなのです。

ただし、妊娠初期では少量の出血をともなうことがあり、それを「生理がきた」と判断してしまうことも多いので、油断は禁物です！

③ 月経はどうして起こる？

月経は卵巣で卵胞が育つところから始まりますが、これを促す初めのサインは、視床下部からのホルモンです。これが下垂体に働き、下垂体からのホルモンが卵巣に働き、卵胞が育ち、排卵します。このしくみのうち、どこか一か所でも異常があると、

月経がきちんとこなくなってしまいます。

　このホルモンの命令センターは自律神経のコントロールセンターに隣接しています。ストレス（環境の変化、悩みごとなど）で容易に月経は影響を受けます。

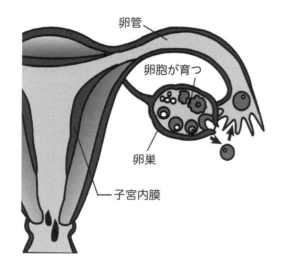

図5 ●月経のしくみ

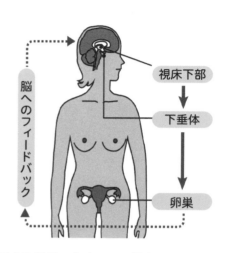

図6 ●月経のホルモンの働き

4 月経のリズム

　視床下部・下垂体と卵巣からのホルモンの分泌には一定のリズムがあり、このひとまとまりを月経周期と呼びます。月経周期は25日～38日、その変動は6日以内を正常周期といいます。卵胞が育ち、卵胞ホルモンが分泌され、これによって子宮内膜が厚くなります。やがて排卵し、黄体となり、およそ2週間、黄体ホルモンが分泌され、厚くなった子宮内膜が熟してきます。

　排卵までを卵胞期、排卵後を黄体期と呼びます。基礎体温を測ると排卵期までは低く、これを低温期と呼び、排卵後は黄体ホルモンの体温を上昇させる作用により高くなり、高温期と呼びます。妊娠が成立しないと、卵胞ホルモンと黄体ホルモンが急激に下がり、内膜がはがれ落ちることで月経が始まります。排卵後、基礎体温があがると、排卵したことがわかります（排卵しないと体温はあがりません）。

　妊娠すると体温はあがったままで、月経もきません。基礎体温を日ごろから測り記録することはとても有用なことです。

COLUMN

「月経（生理）」

　月経について伝えることはとても難しいと思います。発達障害や知的障害の人たちにも同じように身体の変化は起きますから、さらに難しく、理解するのにも時間がかかります。保護者が日々直面している課題だと思います。

＊　　＊　　＊

　娘には知的障害があります。初潮になったときにそれを理解するにはどうすればいいかと考えて、娘が小さいときから、私の月経中にいっしょにトイレに行き、手当てをする姿を彼女に見せてきました。

　最初はビックリしてすごく怖がっていました。経血を見て「ケガしたの？」「病気？」「うわ、ヤダ」などと拒絶していました。

　「大丈夫。病気じゃないんだよ。ケガもしてないんだよ。女の人は毎月一回、こういう大事なことがあるんだけど、ちゃんと手当てもこういうのをあててね……」

　理解できたかどうかはわかりませんが、それを繰り返しました。そして娘が初潮を迎えたときに「いっしょだね」「大人になったね」と言えるようにしたいと思っていました。

　娘も次第に「ママ、またなったの？」と言うようになってきました。「そうだよ」と言うと「痛い？」と聞いてきます。「大丈夫だよ」と答えると次には「みんなあるの？」と聞きます。「大人の女の人はみんなあるよ」と何回も伝えました。

　さらに娘は、ヘルパー、先生など知っているかぎりの女の人の名前を出して「○○さんはあるの？」と聞いてきました。「女の人は中学生くらいになるとみんなあるよ。聞いてごらん」と言うと、実際に学童保育の指導員などに聞いていたようです。

　とにかく、くどいほど毎回聞いていました。私もそれに毎回答えていました。

（田中弘美）

⑤ 月経周期にともない現れる症状（月経随伴症状）

女性は月経周期にともなって、さまざまなトラブルを感じることがあります。

まずは、月経期。一番多いのは生理痛（月経困難症）です。下腹部痛、腰痛、頭痛、吐き気など、いわゆる「おなかが痛い」だけが生理痛ではありません。また、月経痛は月経中のピークな時の人が多いですが、月経前や月経の終わりかけにある人もいます。

また量の悩みもあります。過多月経です。夜用の大きなナプキンを1～2時間ごとなど頻回に交換していたり、大きな血の塊が（ときにゴルフボール大など）でるのが特徴です。これがあると貧血にもなります。そして、排卵期には排卵出血や排卵痛を感じる方もいます。

そして、月経前の時期（高温期・黄体期）はPMS（月経前症候群）がおこることがあります。これは近年、非常に増えていて女性のQOLを下げています。気がついていない方も多いです。症状は多彩で、多いものは、気分の不快（イライラ、落ち込み、不安など）、頭痛、過食、むくみ、腹痛などです。とくに、精神的症状が強いものはPMDD（月経前不快気分障害）といわれていて、死にたい気持ちが強くなり、日常生活に支障がでます。上記のような悩みがある場合、婦人科などで治療が必要です。

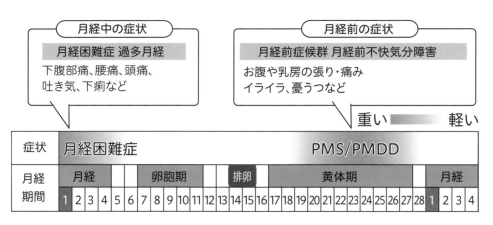

図7 ●月経周期にともないあらわれる症状（月経随伴症状）

参考『生理のミカタ』（監修：原田省）

5 男の子のからだ

　10歳ごろ（小学校高学年）から性に目覚めると、自分の体や性について不安や悩みを抱くようになります。大人の目からみれば悩むようなことでなくても、心配で気になることがあります。

　男の子の関心事は、自慰（マスターベーション）、包茎、そして性器のことなどです。マスターベーションはセル

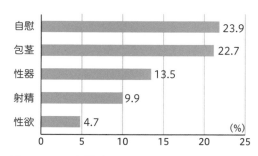

図8 ●男子高校生の5大悩み

出典：日本家族計画協会　思春期・FPホットライン2016

フ・プレジャーともいい、思春期の子どもたちにとって、自分のからだ、こころを知るきっかけでもあり、性欲を上手にコントロールするようになるためにはとても大切な行為です。清潔な状態でする。プライベート空間でする。リラックスした状態でする。床ずりなど強い刺激を与えすぎないなどいくつかのルールが必要ですが、回数などに制限はありません。

　包茎についてですが、生まれた直後あるいは幼い時に割礼といって、宗教的な儀式が行われる国もありますが、日本にはそのような習慣はありませんので、男性の大半は包茎です。手を添えて包皮をお腹側に下ろしたときに亀頭の部分が露出できれば（仮性包茎）、何ら問題はありません。小さい時からむいて洗うことを教えて、清潔にすることを教えましょう。

　男の子は、思春期になるとペニスを自分と他人の大きさを見比べ、悩む傾向がみられます。ふつう、自分の陰茎を上から眺めれば小さく感じ、他人が横や下から眺めれば大きく見えるものです。

① 精通はどうして起こる？

　性的な興奮など外的な刺激を受けると、脳内の視床下部が下垂体に対し、ホルモンを分

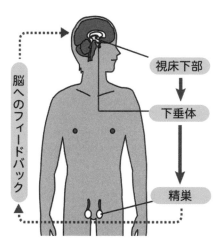

図9 ●精通のホルモンの働き

泌するよう指令を出します（この指令を出すホルモンをゴナドトロピン放出ホルモン GnRHといいます）。下垂体はこの指令により性腺刺激ホルモン（卵胞刺激ホルモン FSHや黄体形成ホルモンLH）を産生・分泌し、精巣に働きかけ、精巣内の男性ホルモン（テストステロン）の分泌を促したり、精子の生成にはたらきかけます。

　二次性徴がはじまるとこのテストステロンの分泌量がふえ、体に変化があらわれ、精通もはじまります。

② 仮性包茎と真性包茎

　包茎、サイズ、自分の意思とは関係なく勃起するのはどうして？など、ペニスに対する悩みは多いです。ちいさなことにでも一つひとつていねいに、はずかしがらず、堂々と論理的に説明することが非常に重要です。はずかしい、いやらしい、という感じで伝えると、子どもはペニスの悩みなどについてネガティブな印象をもってしまうことがあります。

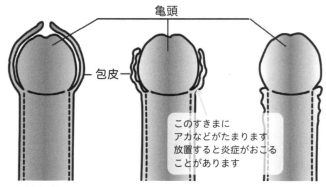

図10 ●仮性包茎と真性包茎

　ペニスが勃起したとき、先端の亀頭の部分を露出できる場合を仮性包茎といい、亀頭が露出できない場合を真性包茎といいます。通常、勃起しないときは、亀頭の部分は包皮で覆われています。

③ 仮性包茎のケア　３つのステップ

　① ペニスの皮をむく（ずらす）、②洗う、③元に戻す。

　仮性包茎のケアは大切です。しっかり説明しましょう。幼稚園のころからペニスに

ついて、絵本などをつかいながらきちんと知識を伝えていくことが大切です。

（②の洗う時に、石けんをつけてゴシゴシ洗いすぎるのはよくありません。シャワーで流しながら、優しく手で洗うだけで十分です）

COLUMN   「精通」

　重度障害のある息子がいるあるお母さんは、その子が中学生の頃のある日、オムツに異臭を感じました。いつもと違うにおいで、衝撃的だったそうです。

　ふり返るとその前に急に怒ることがあり、なぜ怒るのだろう、何が気にいらないのだろう、と思っていたところ、その後はスッキリとした様子で怒らなくなったといいます。

　それが精通だったと気づいたとき、腑に落ちたそうです。「性について勉強していなかったら気づきもせず、ただ『くさい』だけだったかもしれません」と話します。

　そのお母さんは、息子が小さい頃からグループで毎年、親子一泊旅行をしてきました。ボランティアを募り、夜は子どもを預けて親が交流を深める会でした。

　あるときのその旅行で、親子・ボランティアがいっしょに活動しているときから気に入ったボランティアの女性がいて、その人の側にいつも寄っていた自閉症の男の子がいました。夜になって「もう寝るから」とボランティアの女性と個室に入って行きました。心配する声も出ましたが、その子の母親は「大丈夫、大丈夫。いつも床で、擦りつけてマスターベーションしてるけど、出たことないから」と気にしていませんでした。

　すると、ボランティアの女性から「ちょっと汚しちゃったから」と電話が入りました。みんな驚きつつ、同時に「よかったね」と声が上がりました。女性を目の前にして、たぶん短い時間だけれども恋をして、気持ちが盛り上がって出たのだね、と……。

　「性について勉強していなかったら、たぶんそのときも『いやらしい！』などすごく否定的だったかもしれません。だから『よかったね』と言える親もすてきだと思いました」

　と、そのお母さんは話しています。

（秋好眞澄）

妊娠と出産

1 妊娠のしくみ

① 排卵から受精

　排卵は月経周期の14日目（30日前後の安定した周期の人ならちょうど真ん中あたり）ごろに起こります。排卵した卵子は、ゆっくり卵管に入り、精子は子宮の入り口から卵管の奥へとすすみます。出会いは卵管の膨大部というところです。つまり、受精は卵管で起こります。

　受精卵は、卵管のなかをゆっくりすすみながら、子宮体部をめざします。子宮体部にくると、厚くなった子宮内膜に着床します。ここまでくるのに、受精から着床には1週間かかります。ちなみに、精子の寿命は射精後2〜3日くらい。卵子の寿命は排卵後12〜24時間くらいです。

② 妊娠の成立

　それでは、どうやって妊娠は成立するのでしょうか。妊娠成立のしくみを説明します。

　性交により、①膣内に射精された精子は、子宮から卵管へと上っていきます。また、②卵巣から排卵された卵子が、③精子と出会い受精すると、④その受精卵は細胞分裂

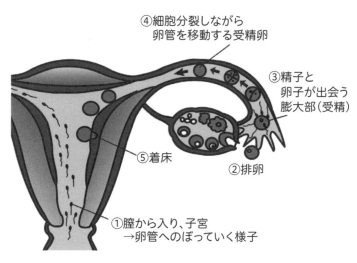

④細胞分裂しながら
卵管を移動する受精卵

③精子と
卵子が出会う
膨大部（受精）

⑤着床

②排卵

①膣から入り、子宮
→卵管へのぼっていく様子

図11 ●月経の仕組み

をしながら卵管内を進み、⑤子宮内膜に着床します。この一連の流れがうまくいけば妊娠は成立します。

3 妊娠期間

　妊娠の0日目は、性交した日ではありません。性交の直前の月経の始まった日、つまり最終月経の初日です。正確には排卵した日の2週間前を妊娠0日とします。

　4月1日のエイプリルフールに性交して妊娠したとしたら、赤ちゃんはいつ産まれると思いますか？　予定日はクリスマスの頃、12月23日です。ゴールデンウイークの頃、月経が遅れていると思って、6月初めにクリニックや病院に行ったら、すでに妊娠3か月なのです。そして夏休み（お盆）の頃、8月15日には、妊娠21週になってしまいます。このお盆を過ぎると、人工妊娠中絶はできなくなります。

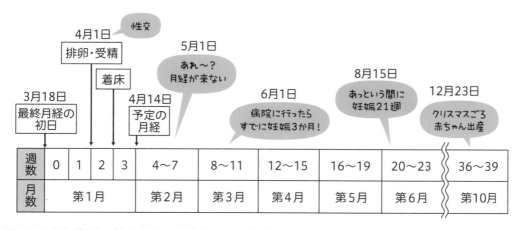

図12 ●妊娠期間の数え方は少し変わっています

2　10代の妊娠・出産〜もし、今妊娠したら？

　もし今、あなたのお子さんあるいはお子さんのパートナーが妊娠したら、赤ちゃんを産み育てる中で学校生活を続けることができますか？　今の二人に子どもを育てていく経済力や生活力はありますか？　将来の夢はどうでしょうか？　いろいろなことを想像し考え、しっかり相談して、妊娠の継続か、中絶かを考えねばなりません。海外

ではこうした悩みに対応する「妊娠葛藤相談所」なるものが公的な運営で存在します。日本国内では行政より活発に、民間団体やNPOなどがオンラインや対面での相談を受け付けています。

　人口妊娠中絶の全体数は減っています…しかしながら、18歳未満の女の子の妊娠は増加傾向で、15歳未満の妊娠は年間665件あり、そのうち82.5％のケースは中絶しています。20歳未満の出産は全体の0.9％です（2018年厚生労働省衛生行政報告例と人口動態調査より作成、日本産婦人医会・安達知子）。

❶ 若年出産とリスク

　20歳未満の女性の出産を「若年出産」と呼びます。とくに15歳以下の若年妊娠は非常にハイリスクなものです。若ければいい！というものでは決してありません。若年出産は高齢出産と同じくらいリスクをともないます。骨盤が未発達の状態でホルモンバランスも未成熟です。こういったことをベースに、下記のことが起こりやすくなります。

● 周産期での死亡率が高い

● 早産・胎児発育不全を起こしやすい

● 18歳以下の出産の場合、帝王切開での出産が多い

● 周産期（妊娠22週から生後満7日未満まで）の赤ちゃんの死亡率が高い

● 早産や胎児の子宮内発育不全の頻度が高い

● 妊娠高血圧症候群等の発症率も高い

❷ 人工妊娠中絶について

　15歳～19歳の女子1000人に対する人工妊娠中絶実施件数は、2018年は6.08件です。他人事ではありません。人工妊娠中絶手術の後には、からだへの影響はもちろんですが、こころにも大きな問題を残すことがあります。人工妊娠中絶についてお話しします。

【中絶手術について】

➡ どんな手術？

・人工的に胎児や胎盤を子宮から外へ出す手術です。初期は日帰りで手術可能ですが、中期になると入院しなければなりません。

➡ いつでもできるの？

・法律で妊娠22週未満までであれば、中絶をすることが許されています。

➡ からだへの影響は？

・ときには、大出血を起こしたり、子宮が傷ついてしまうこともあります。

➡ 将来、赤ちゃんは産めるの？

・手術自体の後遺症で不妊になることはまれですが、中絶手術を繰り返すことなどは子宮に傷がつき、不妊になることがあります。

3 母体保護法の指定医師が手術

母体保護法による人工妊娠中絶の規則についてお話しします。

➡ 誰が行うの？

・母体保護法指定医師の資格をもった産婦人科医師が、特定のクリニックや病院でのみ行える手術です。

➡ どんなときに？

①妊娠の継続または分娩が、身体的または経済的理由により母体の健康を著しく害するおそれのあるもの

②暴力もしくは脅迫によって、または抵抗もしくは拒絶できない間に姦淫（かんいん）されて妊娠したものと母体保護法で定められています。

4 中絶後は

①術後から日常生活をおくることはできますが、１週間くらいは安静が必要です。産婦人科医師の指示に従ってください。

②同じことを繰り返さないためにもピルの内服などの避妊指導を行います。

③心理サポートが大切になります。人工妊娠中絶という経験が女の子に与える影響は、からだだけではなく、こころにも大きな問題を残すことがあります。

【中絶後の心身への影響】

　中絶経験を原因とする心的外傷後ストレス障害（PTSD）が「中絶行為症候群（PASS：post abortion stress syndrome）」です。これは中絶にともなう単なる身体的な後遺症ではなく、精神的なストレス症状・後遺症を指すものです。

　ある研究報告によれば、中絶経験のある女性の半数が何らかのストレス症状を抱え、およそ20％は心的外傷後ストレス障害（PTSD）を後遺症として患い、「離別・離婚した女性」「10代の若い女性」「中絶が2度目以降の女性」にPASSの発症リスクが高まるといわれています。

〈PASSの症状〉

● ちょっとしたことでとても驚く

● 突然苦しくなる

● 急に怒ったり、暴力的になる

● 集中できない

● 熟睡できない

● 手術と似たような環境・状態で急に体調が悪くなる

● 中絶、中絶した子のことを何度も考える

● 中絶日、中絶した子の出産予定日などに、思い出してうつ状態になる

● 中絶したことを思い出さないよう、行動範囲を変える（クリニックの周辺や、思い出の場所などを避ける）

● 中絶に関係した人たち、関係者を思い出させるような人たちとの交流を断つ

● 子どもを避ける

● 感情を鈍麻させ、愛情や優しさも感じないようになる

● 中絶以前、楽しんでやっていたことをしなくなる、できなくなる

● アルコールなどの乱用

● 自殺願望が高まり、自殺行動、自虐的行為を行う

❺ 予期しない妊娠を防ぐために

性交は人同士にとって大切な行為であり、コミュニケーションのツールでもあります。しかし、男女間の性交においては、予定外の妊娠が成立してしまうことがあります。予定していた、または希望した妊娠の逆が「予期しない妊娠」です。これを避けるための方法として大きく二つ挙げることができます。

ひとつは、産み、育てられる年齢になるまで性交しないということです。ちょっと昔風に言えば、性交は結婚してから、または結婚を前提に行うということになります。昔風と言ったのは、現代社会には合わないことが少なくないからです。性交をただただ禁止することは正しいことだとはいえないですし、性交を否定的に伝えることは望ましくありません。

もうひとつの方法は、正しく、しっかり避妊する方法を知り、その方法をしっかり身につけてから性交におよぶという姿勢が、お互いを尊重しあう意味でも重要です。

❻ ダブル・メソッド──WHOが推奨する方法

【避妊と性感染症の両方のリスクがある場合】

① 避妊にピルなどの確実な方法を使い、性感染症予防にコンドームを使う。

② 避妊・性感染症予防にコンドームを使い、避妊に失敗したら緊急避妊法を用いる。

日本では、避妊はほとんどがコンドームにたより、ピルは少数というのが現状です。しかし、コンドームは正しく使用しないと失敗率は15%と高いのです。今は確実な避妊のためにピルなど薬を利用した避妊法を用い、感染症予防とより確実な避妊のためコンドームの併用がベストであると提唱しています。

表2 ●各種避妊法の避妊効果の比較
(100人の女性が1年間に妊娠となる人数)

ピルの内服	0〜0.59人
コンドーム	2〜15人
避妊なし	85人

(出典：OC承認前の比較三相試験の成績より〔産婦人科ガイドライン外来編2011〕)

❼ 避妊の方法

①男性用コンドーム

コンドームの使用は、性感染症予防に重要です。避妊法としては、正しく使用しないと失敗率は3〜14％と、かなり不確実です。

「コンドームで予防できない性感染症もある」「中絶の4人に1人はコンドーム避妊による失敗」という事実を知っておいてください（インターネットで「コンドームの達人」と検索してみてください。医師がYouTubeで正しいコンドームの装着の知識を伝えています）。

②低用量ピル＝OC

ピルという薬についてお話しします。女性ホルモンを使った薬で、低用量経口避妊薬といい、英語ではOC（oral contraceptives）と呼んでいます。女性が自ら確実に妊娠を避ける方法として世界中で広く利用されています。毎日欠かさず服用することが必要ですが、しっかりと内服できていれば

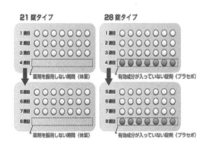

避妊の効果が高く、失敗率はわずか0.3％に過ぎません。

低用量ピルというと、インターネットのまちがった情報で「飲むと将来不妊になる」や「副作用で死ぬ」と信じ込んでしまっている人が多いようです。まずはピルについて正しい知識をもってください。ピルの成分は、卵巣から分泌されている女性ホルモンであるエストラジオールとプロゲステロンです。

これを内服すると、脳にその成分が届き、脳の司令塔が「自分で作ろうとしているホルモンが十分ある」と勘違いするので、脳から卵巣に向けての指令が止まり、卵巣からの女性ホルモン分泌を低下させます。そのため、毎日1個ずつピルを飲み続けると、飲んでいる間は子宮内膜は薄くなり、休薬期にははがれて月経のような出血がきますが、量は少なめになり、痛みも軽くなるのが普通です。

21日飲んで7日休薬し、28日周期で出血を起こすものが多いです。長めに飲むと月

経を遅らせ、早めにやめると月経を早めることもできるので、スポーツの試合などに向けた月経周期の調節も可能になります。

　ＯＣ（ピル）の内服は、今の日本では、子どもたちに使いやすい最も確実な避妊法となります。海外ではインプラントという徐放性製剤を皮下に埋め込むものがありますが、日本ではまだ認可されていません。また子宮内に入れる避妊具もありますが、思春期の女性にも使用できますが、挿入には少し負担がともなうことがあります。

　ピルはお薬なのでもちろん副作用もあります。とくにみなさんが心配されるのは血栓症ですが、海外の疫学調査によると、低用量ピルを服用していない女性の静脈血栓症発症のリスクは年間10,000人あたり１〜５人であるのに対し、低用量ピル服用女性では３〜９人と報告されています。

　一方、妊娠中および分娩後12週間の静脈血栓症の発症頻度は、それぞれ年間10,000人あたり５〜20人および40〜65人と報告されており、妊娠中や分娩後に比較すると低用量ピルの頻度はかなり低いことがわかっています。

　その他、ピルの内服にはメリットもたくさんあります。月経痛が緩和されたり、月経量が多い人は少なくなり、月経不順がある人には治療にもなり、月経移動が楽にできます。子宮内膜症や卵巣ガンのリスクを減らせます。肌荒れニキビにも有効などです。持病などにより使用ができないこともありますので、医師に相談することは重要です。また、ピルの内服だけでは性感染症の予防はできないので、コンドーム使用は必須です。

③緊急避妊法

　緊急避妊法をご存じですか？　英語では略してEC（Emergency Contraception）と呼んでいます。避妊をしなかった、あるいは避妊に失敗してしまった場合の緊急措置的な避妊法です。俗語では、（モーニング）アフターピルなどともいいます。避妊をしないで性交をしてしまったとか、コンドームが破れるなどの避妊の失敗が起こった場合、さらに、無理やり性交を強要されたような性犯罪被害の場合などによる妊娠を予

防するために内服します。現在は産婦人科を受診しないと手に入れることはできません。これを飲めば100％妊娠を避けられるわけではありませんし、妊娠した際の中絶（妊娠の中断）の薬でもありません（2021年7月現在、薬局で購入できるよう働きかけがはじまっていますが、決定はされていません）。

　緊急避妊法の中で最も一般的な方法がこの緊急避妊ピルという薬を飲むことです。緊急避妊ピルを飲むことでどうして避妊ができるのでしょうか。作用機序としては、妊娠の成立に必要な排卵を抑制したり、遅らせたりすることで、受精を妨げたり、子宮への受精卵の着床を阻害させるなどが考えられています。緊急避妊ピルは中絶薬ではないので、妊娠がすでに起こってしまってからの服用には効果はありません。緊急避妊ピルの使用にあたって性交が行われた72時間以内（３日以内）に薬を飲まなくてはいけないというルールがあります（海外には120時間以内まで内服可能な薬剤があります）。

④緊急避妊ピルを服用することによる避妊の効果

　緊急避妊ピルは妊娠を阻止する大切な避妊法ですが、100％効果があるわけではないことを覚えておいてください。一般的には妊娠する可能性を80％程度阻止できるといわれています。飲んだ時の副作用は、軽い吐き気、不正出血などが報告されていますが、重篤なものはありません。

　緊急避妊ピルの服用後の性交で妊娠される方のお話を時々耳にします。服用後の性交を控えることが難しい場合は、翌日から低用量ピルの服用が薦められます。緊急避妊ピルが効いたかどうかは、服用後すぐにはわかりません。数日ないし数週間後に月経があって初めてわかります。もし、予定月経が一週間以上遅れたり、心配なことがあれば、すみやかにかかりつけの医師に相談してください。

　もしレイプなど性暴力による性交があった場合、緊急避妊ピルも性病検査なども、ワンストップセンターという施設で一括して行っていただける場合があります。

　精神的なケアも同時に行ってもらえるので、こういったケースではまず最寄りのワンストップセンター（＃8891）に連絡してください。

「恋愛の心」

Aさん　私は、Bさんの息子さんをよく知っています。Bさんからは「息子は重度だから恋愛できんと思う」「好きになるとかそんな気持ちはわからんでしょー」と聞いていました。

　あるとき、ボランティアの2人の若い女性に彼も含め、みんなで飲みに行ったことがありました。その帰途、普段はすぐに「歩くのヤダ」などと歩かない彼が、その2人の女性ボランティアの間に入り、手をつないでどんどん先に歩いて行くのです。

　それを後ろから見ていたBさんは「全然普通に歩いとる！　しかも楽しそうに……。いつもならもう絶対歩かんよ、あの子」と、すごく驚いていました。

　私が「若いきれいな女の子といっしょでテンションも上がっとるし……。やっぱりそういう恋とか、いいなっていう気持ちあるじゃん」と言うと、「ええっ!?　うそ、うそ……」と信じられない様子でした。

　でも「そんなん見りゃわかるじゃん。全然いつもと態度違うじゃん」と伝えると、息子さんの笑顔や態度を見て「この子も、こんなふうに女の人と一緒にいて楽しくなったりときめいたりするんだ、好きとかいいなという気持ちになれるんだなぁ」とつぶやいていました。私は「なれるなれる！」と思わずBさんに言いました。

　そんなふうに、すごく楽しい夜だったのを覚えています。

Bさん　息子は25歳でグループホームに入りました。最初のホームは女性が3人、男性4人でした。リビングは男女いっしょのときがあります。私はその頃も、女の子への興味なんて示すわけがないと思っていました。

　あるとき、女性の利用者とソファーに座るツーショットの写真が届きました。彼は見たこともない笑顔でデレデレの、鼻の下が伸びた写真でした。それを見て初めて「ごめんね。あなたを男だと思っていなかったわ」と、すごく反省しました。だから、重くてもそういう気持ちがあるのは本当でした。

Aさん　うちの娘は失恋もしています。初めて大失恋したときは泣いていました。どうしようかと思いましたが、失恋だけはどうしようもなく、本人が立ち直るしか仕方がないと思っていました。ただ、私の前で泣かなくなった分、大人になったと思いました。

　初めて好きな人ができたときは私もうれしくて、娘は違う人格をもって違う人生を生きていく人だと思ったのも、彼女が恋をしたときでした。

（田中弘美・秋好眞澄）

性感染症について

1 性感染症とは

　性行為あるいはそれに近い行為で感染する病気のことです。英語では、STI（Sexually Transmitted Infections）といいます（STDともいわれています。DはDiseaseの略）。

　誰でもSTIに罹る可能性があります。日本性感染症学会がガイドラインを作成していますが、そこでは17のSTIがまとめられています。

　私たちがよく目にする代表的なSTIは以下のものがあります。梅毒、淋病、性器クラミジア感染症、尖圭コンジローマ、肝炎（B型、C型が多い）、トリコモナス症、HIV（エイズ）、毛じらみ症、性器ヘルペス、HPV…など。

　厚生労働省は、協力医療機関を選んで定点としSTIの報告を求めています。この5年の推移をみてみると、淋病感染症は横ばい、クラミジア、性器ヘルペス、コンジローマは微増、梅毒は激増している状態です（2021年6月現在）。

2 口腔咽頭は性感染症の温床

1 口は第2の性器

　ある調査で口腔性交の際、性感染症を予防するために、コンドームを使いますか？という問いに、80〜90％の方が使わないと答えています。日本の場合、性感染症が口腔性交からスタートしている例が少なくありません。口腔咽頭（のど）は性感染症の温床になっています。口から性器、性器から性器、性器から口というように、性行動が多様化している結果さまざまな感染形式が存在します。

　「エイズ予防にコンドーム」というメッセージは浸透していますが、口腔性交にコン

ドームを使用することは広まっていません。安全、安心の性
行為を営むためには、口腔性交に際してもコンドームを適正
に使用することが大切です。

② 女性は男性よりリスクが高い

　STIは無症状のことが多いために、感染に気づかないだけでなく、気づかないうち
に人にうつす危険性があります。STIは性別を問わずに感染が起こりますが、女性の
場合からだの構造から男性に比べて感染リスクが高くなります。女性は膣、子宮、卵
管があって、卵管はお腹の中につながっています。すなわち、外の影響がお腹にまで
及ぶことになります。その結果、クラミジアによる感染が原因で卵管が詰まり不妊の
原因になったり、その感染がお腹中に広がることもあります。また、HIVはじめSTI
の多くは母子感染によって、赤ちゃんに影響が及ぶこともあります。

③ 性感染症かも…のサイン

① 性器やそのまわりが腫れたり、水膨れやブツブツができた

② 性器やそのまわりがとてもかゆい・痛い

③ おしっこをするときに痛い

④ おしっこに血や膿が混じる

⑤ おりものの色が異常、ひどく臭う、急に増えた

　などの症状が気になるときは、急いで女性は産婦人科・婦人科、男性は泌尿器科・
性病科を受診するようにしましょう。

④ STIを予防するには

　最も大切なことは、STIに感染するようなリスクある行為を避けることです。すな
わち、性行為あるいは性行為に類似する行為をしないということになります。しかし、
そのようなことを禁止するのは困難なことですので、まずは正しい使用方法で最初か
ら最後まで必ずコンドームを使うことです。もっと積極的には、性交する前にお互い

の検査を受けて、STI に感染していないことを確認することをおすすめします。感染がみつかったら、きちんと治療をすることで安心、安全な性行為が可能になります。

5 HPV感染について

　HPV（ヒトパピロ－マウイルス）の種類は150くらいと多くの型が存在します。そのうち約30〜40種類が性器に感染し、そのうち約15タイプが発がん性のリスクが高いものとされています。2008年にノーベル医学・生理学賞を受賞したドイツのハラルド・ツア・ハウゼン博士は1980年代に子宮頸がん患者からHPV16型、18型を分離しました。その後、現在では子宮頸がんのほとんどの原因がHPVであるとされています。HPVの中でも子宮頸がんの原因にならないものもあります。その中でも6型、11型は尖圭コンジローマという性器にできるイボ（尖圭コンジローマ）の原因であることがわかっています。

6 HPVの感染様式

　ハワイの大学生25カップルを対象に平均7.5か月間経過観察しているデータがあります（平均年齢：男性28歳、女性26歳）。

　HPVは性交など皮膚の直接接触により伝染することがわかっています。下図はHPVの感染様式を示したもので、性器どうしのみならず、手指を介しても伝染することがあり、コンドームでは完全に予防しきれないことが示唆されます。ここでは異性間性交について示されていますが、同性間でも同様の感染を起こすことが予測されます。

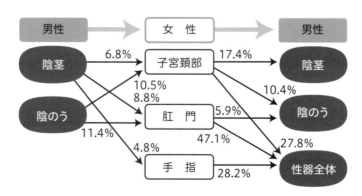

図13 ● HPVの男女間における感染様式

（出典：日産婦医師会報平成22年7月1日号）

⑦ 子宮がんは検診で早期発見が可能

①性交経験があるようになると注意が必要

　性交経験のある人の8割は、知らないうちに一度はHPVに感染しているといわれていますが、そのうち多くの人はがんにならず、HPVも自然に消失するといわれています。現時点でHPV感染を治療する薬剤はないので、細胞が変化してがんに進んでいかないかを早期に知り、治療をすることが必要です。そのために「子宮頸がん検診」があります。

　方法は、子宮膣部の細胞をブラシなどでこすり取り、顕微鏡でみるだけ。性交経験があるようになればがんになるリスクがふえることを理解し、20歳から少なくとも2年に1回は、お住まいの市区町村で検診を受けるなどの定期的な検診をおすすめします。検診の受け方や自己負担の金額は自治体によって異なるので、各自治体のホームページ、広報などで確認しましょう。

　自覚症状がない状態で検診を受け、上皮内にとどまる「前がん状態」など早期に異常を見つけることができれば、子宮の入り口を円錐状に切り取る「子宮頸部円錐切除術」で治療が終わり、子宮を切除せずに済み、今後の妊娠の可能性を残せますが、進行したがんの状態で発見されると、子宮を切除しなければならないばかりか、卵巣や周囲のリンパ節の切除なども含め、かなり大掛かりな手術になり、子どもを産めなくなるだけでなく、下肢のリンパ浮腫など後遺症も大きな問題になります。

②子宮頸がん検診率が低い日本

　このように、早期発見に重要な子宮頸がん検診ですが、日本の受診率は諸外国に比べて非常に低く、子宮頸がんの早期発見のためにも、子宮頸がん検診の受診率をいかに上げていくかが課題です。最新の2019年のデータでは43.7％に上昇していますが、諸外国に比べてまだ十分とはいえません。また、検診受診者の年齢層が高く、本来、子宮頸がんのリスクが高く受けなければならない20〜30代の受診率が上がらないのも問題点の一つです（海外の受診率は80％前後と高いものです）。

③子宮頸がんの促進因子

　子宮頸部のHPV感染は感染から2〜3年以内に約8〜9割は自然に治癒します。一

方、感染が持続する女性ではゆっくりと子宮頸がんの前がん病変に発展し、数年から十数年をかけて子宮頸がんになります。感染者の1,000人に1人ぐらいが子宮頸がんになるといわれています。子宮頸がんの促進因子として、多産、喫煙、免疫不全などが報告されています。

④HPVワクチンと公費接種

　HPV感染を予防する2価ワクチンであるサーバリックス®も、4価ワクチンであるガーダシル®も、半年間に3回接種が必要です。ワクチンには保険診療が適応されず、自費診療となりますが、2013年度から「定期接種化」され、公費での接種が可能となりました。

　他のワクチンと違い筋肉注射で接種されることもあり、接種時の痛みがやや強い傾向があり、接種後に体調をくずし失神するなどの報告が多く指摘されていました。その後、慢性的な痛みの持続など接種後の体調不良の報告が相次ぎ、2015年には厚生労働省から「積極的な勧奨を一時中止」の決定があり、現在までその状態が続いています。しかし、HPVワクチンが子宮頸がんを減らすとのエビデンスが海外からもたらされ、副反応についてもいろいろな意見がまとまり、現在は少し風向きが変わり、接種する方がふえてきています。2021年2月には9価HPVワクチンシルガード9®が発売されました。

　HPVワクチンを接種するタイミングは、HPVウイルスに感染する前、すなわち性交経験が一度もない状態がベストです。国が「積極的な推奨を中止する」というのは、接種できないということではありません。医師からの説明を受けて、HPV感染のリスクと副反応のリスクを天秤にかけ、接種によるメリットのほうが大きいと判断した場合、接種を受けることは現在でも可能です。

CHAPTER 4 ネットを通じて起こる性にかかわる危険

1 思春期にせまる性的搾取

　小学生のスマホ所有率49.8％、中学生の所有率75.2％、高校生においては95％という現代。ネットの良さ、悪さ、怖さ、マナーをしっかり教育することも性教育と同等に重要なことです。

　携帯電話やパソコンを通じて性的搾取（性的被害）に巻き込まれる子どもが増えています。事実、携帯電話によるポルノ画像関連の被害者の半数は中学生であるという報告もあります。うちの子に限って、うちの子は大丈夫という考えは捨てましょう。

　ゲームやスマホには「ペアレンツコントロール」といって、購入者である親が子どもの持つ機械にいろいろな制限をあらかじめかけることができます。お子さんと事前にしっかり話し合い、このような機能を利用することも大切です。

　下表にあるJKビジネスへの入り口もSNSなどのインターネットからの求人や、ダイレクトメッセージから巻き込まれていくことが多いのです。現在は中高生による援助交際やパパ活といった、性的搾取の被害は非常に増えています。これらはツイッター、LINEのダイレクトメッセージ、出会い系サイトやアプリでの出会いをきっかけに巻き込まれることが多いです。

表1 ●愛知県の改正青少年保護育成条例が禁する JK ビジネス

規制内容	想定されるJKビジネス
飲食店で性的好奇心をそそる水着、制服などを着て接客させる	ガールズバー
個室内で異性客に接触する	リフレクソロジー
性的好奇心をそそる水着、制服などを着た姿を客に見せる	撮影、見学クラブ
異性客に従業員を同伴させて遊興させる	散歩、コミュニケーションルーム

出典：一般社団法人セーファーインターネット協会（https://www.safe-line.jp/against-rvp/）

2 正しく使おう、スマートフォン！
──大人と子ども・若者たち、共に学びましょう

　何気なくダウンロードしたアプリから自分の情報がもれてしまう。不正なアプリを
ダウンロードしてしまうと気づかぬうちに自分の情報がもれてしまうことがあります。
できるだけ信頼できるところからダウンロードしましょう。インターネット上には悪
い人もいます。いやなことを言ったり、危険なウェブサイトに誘ったり、直接会って
悪いことをしようと考えている人もいます。むやみに自分の情報を教えたり会ったり
することは避けましょう。私は、自分の性的な画像はもちろん、顔が写っているだけ
のものであっても、インターネットやSNSにアップすることに慎重になりましょうと
呼びかけています。

　また、出会い系サイトは性的搾取への入り口といえます。そして、Twitterなどの
SNSで書き込んだことはあっという間に広がってしまいます。消すことは難しいので
す！　人の悪口を書かないことはもちろん、友だちの個人情報なども書くのは避けま
しょう。

デートDVとは

　DVとは「domestic violence」の頭文字をとったもので、配偶者や恋人など親密な関係にある者からふるわれる暴力のことです。日本では、未婚のカップル間のDVに対して「デートDV」ということが多いです。交際経験のある人の半数近くの方が、デートDVの経験があるといわれています。男性から女性の被害だけでなく、女性から男性の被害もあります。デートDVは、配偶者によるDVではないためDV法の対象とはなりません。DVはとても身近な問題です。自分自身、友だち、家族、すぐそばに存在する可能性が高いことを自覚しましょう。

暴力にもさまざまな種類があります。

からだのへの暴力	・殴る、蹴る、たたく、つねる、噛みつく ・髪をひっぱる ・物を投げつける　など
言葉による暴力、態度による暴力	・バカにしたり、傷つく呼び方をする ・話しかけても無視をする ・仲間はずれにする　など
束縛やつきあいの制限	・他の人と仲良くすると怒る ・勝手に電話やメール、LINE（ライン）をチェックする ・いつも一緒にいることを要求する ・居場所を常に監視する報告させる　など
経済的な暴力	・いつもおごらせる ・借りたお金を返さない ・高価なプレゼントを要求する ・お金の使用に過度な管理や制限をする　など
性的な暴力	・性的に嫌なことを言う、させる ・性交を強要する ・避妊に協力しない　など

殴る・蹴るといった身体的暴力だけでなく、相手の行動を束縛することやこころを縛り傷つけることも暴力です。また、相手に無理やり性行動を押しつけることは性的暴力です。

デートDVチェックリスト

1	バカなどと、傷つく呼び方を（する／される）
2	自分の予定を優先させないと無視したり、不機嫌になる
3	ケータイの着信履歴やメールをチェック（する／される）
4	メールで常に行動を報告させたり、返信（させる／させられる）
5	相手の意見を聞かずに、自分勝手に物事を（決める／決められる）
6	思い通りにならないと，どなったり責めたりおどしたり（する／される）
7	殴るふりをしたり、叩いたりけったり（する／される）
8	無理やり性的な行為を（する／される）
9	避妊をしない
10	いつも一緒にいることを要求（する／される）
11	いつも（おごらせる／おごらされる）
12	いつも相手の機嫌を損ねないように気を配っている

（出典：名古屋市「恋するふたりのために」デートDV防止啓発カード）

　パートナーがいてお付き合いしている子どもたちにはぜひ、大丈夫そうと思う子どもとも一緒にチェックシートをしてあげてください。いくつかあてはまる場合はもう少しお話を聞いていきましょう。

　<u>「自分自身が経験するかもしれない」「友だちが経験するかもしれない」「家の中で起きているかもしれない」他人事だと思わないことが大切です。</u>
　またDVの被害者になっている人は、みんな「自分が悪いから相手は暴力をふるう」

「相手は自分を愛しているから、大事にしているから」「相手はとても大変でストレスが多いから」と考えがちです。

　暴力の原因ってなんでしょうか？　怒りがたまっていくのが暴力の原因？　ストレスがたまっていくのが暴力の原因？　怒りやストレスがたまっても、暴力をふるわない人が普通です。ゆるされることは1つもありません。

「あなたはわるくありません」
被害者の方には必ずこの声かけが必要です。

　インターネットを調べるとたくさんの支援センターにつながります。専門家につながり、サポートを受けることが大切です。生命にかかわるケースはすぐに「110番！」。警察に連絡することが大切です。

COLUMN　　　　　　　　　　　　　　　　　　　「下着」

　子どもに障害があると、大人になっても親がいつまでも子ども扱いしている例は多いと思います。身につけるものも親が選び、キャラクターものなど小さいときのままの服を着せている例も少なくありません。そうすると結局、周囲から「大人になったね」などの言葉かけもなく、本人にも「大人になる」という自覚が育ちにくいのではないか思います。

　あるお父さんは、病気のために身長が伸びないものの25歳になる娘の下着が、どう見ても子ども用だと、反省を込めて話します。

　「大人である25歳の女性が、こんな下着をつけるのかなと思うのです。本人は言葉を話せないし難しいのですが、性の問題のベースをなす一つでもある障害（社会的障壁）に関すること、つまり人権や権利を考えた場合に、『自己選択する力』が大切な一つの力になるにもかかわらず、そこが男親としてなかなか支援できていないと反省しています」

　また、下着は年齢に応じて変化します。親子で買いに行き、素材や感触なども確かめながらいっしょに選ぶことも大切です。感覚過敏や自分の身体の大きさや向きなどがわからない子もいますから、それが自分の下着に興味をもつことにもつながります。日常の生活のなかで意識化できるよう、小さいときから積み上げていくことが大切だと思います。

（田中弘美・松本和剛・藤原美保）

「結婚」

　障害のある若者たちにとって、結婚をイメージするのはなかなか難しいようです。たとえば彼らと結婚について次のような会話になりました。

「僕は仲のいい人が5人いるから、5人と結婚したい」

「日本の法律では5人と結婚はできないよ」

「いや、仲がいいから大丈夫」

「でも、一人の人としか住めないからね」

「なら交代で……」

　もちろん冗談ではなく、本気で言っていると思います。

　また、女性の場合は「結婚したい」と言っても、実はウエディングドレスを着たいだけなどということもよくあります。つまり、見た目のシチュエーションを真似したいという印象です。だから多くの場合、異性との恋愛の延長線上に結婚があって、その先に生活があることをイメージできないようです。

　一方、想像は難しくても、たとえば先輩カップルの姿を見て、あんなふうになりたいとイメージできる人はいるでしょう。その先輩のおなかが大きくなって、次に会ったらおなかが小さくなって赤ちゃんを抱いていたなどの実体験から、あこがれに変換されていくケースもあると思います。

　ある地域では、青年期になって交際するようになるタイミングで、それくらいの年齢の人と発達に合わせて勉強会を開いているところもあります。「恋愛してみたいけど、どうやっていいのかわかんない」「結婚したいけど、結婚が何かわかんない」という人たちが集まって来ます。そして、そこで出会った人がカップルになったり、カップルになれるよう支援があったりします。カップルになって二人でその学習会に参加する人たちもいます。

　結婚という形のほかにも同棲や通い婚という形もあり、いろいろな暮らし方ができます。ヘルパーの支援も可能です。そうやって、結婚した後の支援を受けながら子育てをしている夫婦もいます。課題はたくさんありますが、支援している人たちも学びながら取り組んでいます。

（松本和剛・藤原美保・河村あゆみ）

PART 3

「教材」を使った
学びの実践

誰にでもわかりやすく
「思春期の学び」を伝えるために

田中弘美

特定非営利活動法人 子ども & まちネット
STEP プロジェクト委員会

学びの必要性

　障がいのある本人にも、周りの大人にも、そして社会全体にも、

　必要な学びと学べる環境の整備はスピード感をもって

　誰もが思春期をむかえる頃には、自身の体の変化や気持ちの変化に不安や戸惑いを
覚えます。性毛がはえてきたり声変わりしたり、乳房が膨らみ初潮が来たり…。人生
で初めて起こることに、日々ドキドキしたり心配したりと、これまで経験したことの
ない変化に向き合うことになります。そんな思春期のなか、通常の子どもや若者たち
は、友だちだったり部活の先輩などを頼りにして相談したり、悩みを共有したり、時
には親に助けてもらったりして変化に対応していきます。しかし、障がいや発達に不
安を抱えている子どもや若者たちは、誰かと情報を共有したり、相談をすること、また、
ネットや書籍などを通して自ら独自に学んでいくことが非常に難しい状況にあります。

　そのような状況下にある障がいのある子どもや若者たちが、思春期に訪れるからだ
やこころの変化に戸惑い、受け入れることができなくてパニックや自傷・他害を起こ
してしまったり、気になる人や好きな人ができた時、どのように自身の気持ちを表現
したらいいのかわからなくて、急速に相手のからだに接近したり、LINEやメールをど
んどん送ってしまい「変質者」や「犯罪者」扱いされてしまうことは、ある意味、起
こるべくして起こっていると言えるでしょう。また、優しげな言葉で誘われて性産業
に引き込まれてしまい、自身の性を商品として扱ってしまうようになっていることも、
関係者から多数報告されています。

　いったいどうしたらいいんだろう——研修や学習会を開催すると、こんな事例報告
や相談が支援者や保護者の方々からたくさん出てきます。しかし、支援者も保護者も
しっかりと性教育や人権教育を受けたことが少なく、また学校でも愛や性のことを考
えたり教えたりすることには、さまざまな抵抗があったり、教える側の経験や知識が
不足していたりしていて、あまり行われてきていません。

どうして、学びの場をもてないのか？ 性教育が進められないのか？ さまざまな事情はありますが、やれない大きな理由としては、「具体的にどうやればいいかわからない」「自身の知識に自信がない」「困っている状況にどう対応したらいいのか？ 聞ける人や機関がない」などの声が、研修後のアンケート等からあがってきています。

このような現状を少しでも変えてはいけないだろうか？と考えていくなかで、まずは関係者がしっかりと学び正しい知識を得て、意識を変えていって活かすということが必要だということに至りました。

ただ、得た知識を活かすとなると簡単なことではなく、何から手をつけたらいいのか？ 具体的にどうしたらいいのか？と多くの関係者たちは悩みます。そのため、学びの場をつくるにあたって、ある程度のガイドラインや模擬講座的なもの、そして、さまざまな「教材」が有効ではないか、と考えました。

子ども＆まちネットでは、発達に不安や障がいのある子ども・若者たちを対象とした「性と生の講座」を多数開催し、そのなかで、子どもや若者たちが学んだことを理解し、身につけていけるようになるには、どんな伝え方や体験の重ね方、深め方がよいだろうかと、プロジェクトメンバーと何度も話し合い試みてきました。

そんな過程のなかで、いくつかの教材を作成してきてたのですが、それらは今でも学びの場で使っていますし、学びに参加する子ども・若者たちの状況に合わせて、素材や形状、使い方などをそのつど変えています。教材は一つでも、その決まった使い方マニュアルが一つあるのではなく、その時、その場で使い方をアレンジしたり、必要に応じては何かを足していくことも、重要なことだと考えます。

さまざまな教材
——紹介と使い方の例、その効果

CHAPTER
2

学びの場を豊かにし、より多くの人が使える「教材」の有効性

1 布製の人体

　肌色の布地（表は起毛）を使って、平均的な大人の身長・体型で作成してあります。また、同じ布地で、子ども（小学校１年生くらい）サイズのもあります。

　パーツとして、顔・のど仏・わき毛・乳房・性毛・性器を同じ肌色の布地で作成し、マジックテープで人体に貼り付けられるようになっています。

　二次性徴により起こる体の変化について、参加する子ども、若者たちと一緒に場所や名称を確認する。また子どもと大人のからだの違いを、見ながら確認していくことができます。

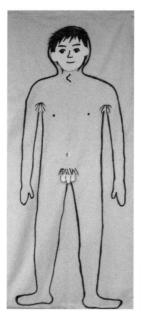
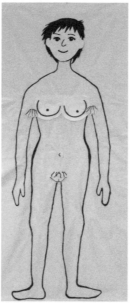

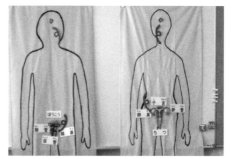

2 紙芝居

　大切な自分を守ること、不快な接
触を知り避ける力をつけるために、
短い物語を紙芝居にして読んでみせ
ます。

　大事な場面では、「どうしたらい
い？」と参加者に問いかけて、参加
者の意見や気持ちを聞き取ったり、
実際に「ダメ！」などの声をいっしょ

に出してもらうことで、体験的な学習ができます。

　比較的低学年、または知的障がいが重い方に向いているようです。

3 着せ替え人形

　実物大ではないが、机の上で自身のからだを確認していきます。人体の形にそって、
自分で自分の顔を書いたり、性器や性毛、などを書き込んでいきます。

　からだのどの部分にそれぞれの部位があるのか、どんな変化があるのかを、講師や
仲間と学んでいけます。

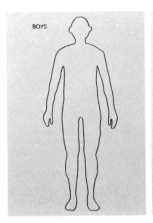
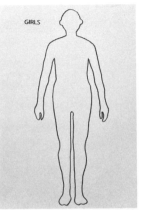

また、下着や洋服の
パーツを選んで装着す
ることで、楽しみながら
プライベートゾーンな
ど大切なところの確認
もできます。

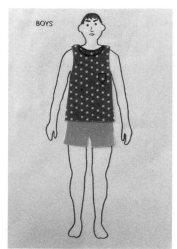
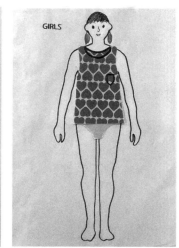

4 タッチの表

　自分のからだと他の人のからだ、自分だけの大切なところとそうでないところを表にして、触れたり、触れられたり、いろいろな行為について考えることができます。○や×マークを入れていきながら、参加者で意見を交わしたりして確認していきます。

　○か×か、参加者で意見が分かれることもあり、「どうだろう」と全員で考えることも、印象に残る学習となるでしょう。シンプルな表に言葉や○×を入れていくことで、視覚から情報を入れ、自身のからだを大切にすることや、人との距離を考えていく学習ができます。

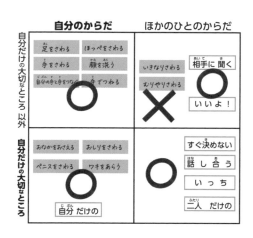

5　メッセージカード

　受講者の保護者や関係者から、本人に向けてメッセージを書いてもらい、それを講座の中で本人に渡します。スタッフがその際にメッセージを読み上げたりして書いた人の想いを伝えます。

　基本的には「あなたがいてくれてうれしいよ」という内容で書いてもらい、受講生たちが自身の存在について肯定的に捉えられるように、また愛されていることを実感してもらえるように使うのがねらいです。

例①丸いコースターにリボンやシールで装飾を
　　したものに、首からかけられるようにひも
　　などを通したメダル状のもの

例②バースデーカードやクリスマスカードのよ
　　うな形状のもの

6　実物大の人体模型（下腹部外性器・内性器）

　からだのしくみ、性器（部位）の位置、それぞれの役割を実物大に近い模型で確認できます。射精や月経のおこる仕組み、様子を立体的に見せられ、よりリアルに感じることができます。性交の時の様子も模型で示すことができ、自身では確認しづらい状況を少しでもわかりやすく伝えることができます。

　男性器の洗い方やコンドームの付け方、女性の月経時の手当てのやり方についても、より具体的に伝えることができます。見るだけでなく、触ることができて、性器のだいたいの大きさや形状の学習が促されます。

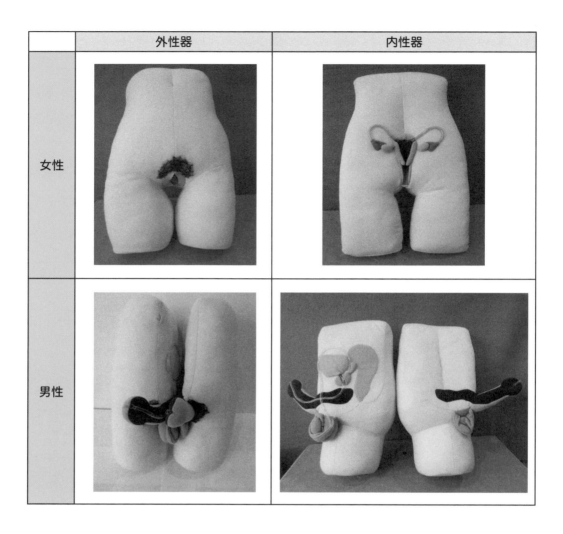

	外性器	内性器
女性		
男性		

7 アニメーション「命のはじまり～出産まで」
（性交・射精・受精・出産）

　本書付録のDVD「命のはじまり～出産まで」は、性交時～射精時の膣や子宮内での状況、受精、着床、妊娠についての流れがアニメーションにより、詳しくわかりやすく見られます。また、胎児成長や出産時の様子も確認でき、生命の始まりとその大切さを、映像を通してしっかりと伝えることができます。

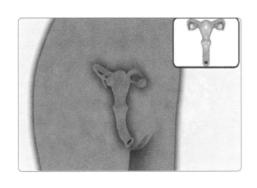 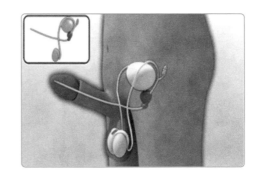

　このアニメーションには、本書のなかで解説（102〜107ページ）していますが、もともとのナレーションやBGMは入っておりません。ナレーションを入れることで、一定の学びは確保されるかもしれませんが、多様な子ども・若者たち、そして保護者や支援者にとって「うちの子の状況には合わない」「今回、学ぶ子どもたちには難しい」「今回の学習では、必要ないかもしれない」という、不適合が生じることも十分にあります。

　教材はあくまでも学びをよりわかりやすいものにする、豊かにするものであり、また学ぶ子どもや若者たちが　「そうなんだ」「面白い」「もっと知りたい」という意欲をかきたてるものですので、合わない、わからない、という状況をもたらさないことが大切です。

　そのようなことを鑑みて、私たちはあえてナレーションはなしとしました。ナレーションがないことでその時の講師役の人が、学ぶ子どもや若者たちの状況に合った伝え方、表し方をすることができます。「どんな言い方をするとわかりやすいだろう」「ここは大切だから、ゆっくりと話そう」など、講師役の大人たちが考え工夫することが、伝える側にとっても、大きな学びとなるのです。

⑧　教材の使い方と実践のすすめ方

　教材は、決まった使い方があるわけではありません。学びの場に参加する人たちの状況（立場や年齢、障がいの有無や習得度など）をよく考慮して、アレンジしたり、工夫して他のものを追加したりしながら、何度もやってみましょう。

　参加する人たちの意見や様子をみて、より使いやすくてわかりやすいものになることで、多くの人の理解と学びの実践がすすんでいくでしょう。

教材を使った学びのすすめ方

教材解説 ❶　からだの変化としくみについての学び

　<u>学びをすすめる『教材』の活用例や実際の指導例を紹介していきます</u>。主に、からだの変化としくみについて学ぶときに使用します。

❶ 模型──男女外性器

　男女の外性器について、見て、触れて学習ができます。下着の着脱、性器、性毛、陰のうなどの位置（場所）や形状について、またプライベートゾーンの確認もできます。

　清潔で健康な体を維持するための外性器の洗い方や月経時の処置の仕方などについて、模型に触れながら具体的に学べます。模型を使うことで、触ったり、洗う時の力の調整や自分のからだをイメージしやすくなりますね。

男性外性器模型

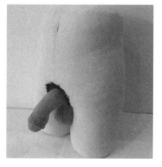 

付け替え用ペニス模型

女性外性器模型

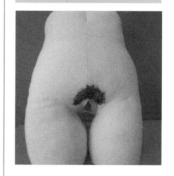

　男性外性器模型は、通常のペニスの形態と勃起時のペニスの形態と 2 種類あり、人体模型本体に付け替えることができます。勃起するメカニズムの説明が、より具体的

にできます。

　女性外性器模型の膣の部分には、男性外性器模型を挿入し、組み合わせることができます。性交や射精の様子を具体的に見ながら説明することが可能になります！

指　導　例

● 「からだの清潔」についての学習

　男性器の包皮をむいて洗うことやマスターベーション後の処理の仕方など参加者の理解度に合わせて、模型を見て触りながら伝えていきます。

- -

● 「からだの変化」についての学習

　各部位の名称を知ったり、自分と他人との違いに気づいたりすることで、大人になる時の変化や自分と他人との違いなどについて学べますね。合わせて「からだのしくみ」についても同時に伝えていきます。

　自分や相手のからだが大切なものであることも、伝えていきたいですね。

---

②　模型──男女内性器

　模型は中央から開けることができ、内性器が見えるように工夫されています。内性器の名称やしくみなどについて学ぶ時、イメージがしやすくなりますね。

　男女共に精巣、卵巣でどのように精子や卵子が作られるのか、どのような流れで体

男性内性器模型	女性内性器模型

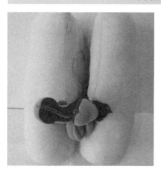
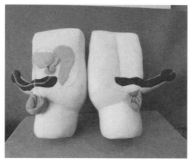
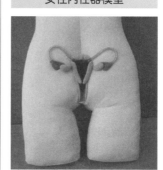

男性内性器　開いた状態

外へ運ばれるのかなど、ＤＶＤと合わせて見ることで、より理解がすすみますね。

　男性内性器模型では「おしっこ」と「精子」の違いや射精のしくみについて学ぶことができます。スポイトと精液（着色した水等）を使って、実際に精子が体外へ出る瞬間を示すことができます。尿との違いや夢精などの説明がよりリアルになります。「もし下着を汚してしまった場合には」といった事例に対しても学べますね。

　女性内性器模型では、月経のしくみや妊娠に至るプロセスなどの説明が具体的に示せます。

　毎月訪れる月経に対する、不安や嫌悪などをとりのぞき、自身のからだがステキなものだとの理解が深まるよう、楽しく優しく解説していくといいですね。

指　導　例

● 「からだの変化」についての学習

　実際にからだの中でどのような変化があるのか、男女がどのように違うのか、学ぶことができます。

··

● 「からだのしくみ」についての学習

　射精や月経などの現象やしくみについて参加者の理解度に応じて学びをすすめることができます。理解が難しい参加者の場合は、内性器の名称を知り、からだの中をイメージしてもらえるだけでも大きな学びとなるでしょう。理解の進んでいる場合は、受精、妊娠のしくみも学んでいけます。

··

● 「妊娠、出産」についての学習

　ＤＶＤと合わせて学習することで、より正確に受精や妊娠の流れを学ぶことができます。自分や相手のからだが大切なものであることも、伝えていきたいですね。

---

③ 布製人体──男女

　標準的な男性・女性の大きさで、男女のからだを見比べ、二次性徴の変化とその違いを学ぶことができます。

内性器部分については、身体全体を捉えながら学べるので、自分のからだと比べたり、からだの中での位置を確認したりできます。

　布の表面が起毛素材なので、からだの部位の名称や変化についてのフラッシュカードを貼り付けることができますよ。

　参加者と一緒に位置や変化を考えて、貼り付けていくと、楽しく実感しながら学べますね。

　例「せいもう」「にゅうぼう」など。

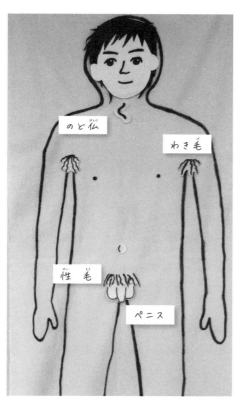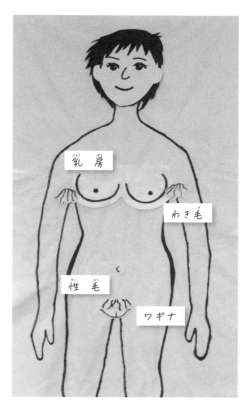

フラッシュカードは裏にマジックテープを貼り付けてあります。

指　導　例

●「男女のからだの違い」について学習ができる。

　からだの名称について知るとともに、男女のからだの違いを見比べて学べます。

●「わたしのからだ」について学習ができる。

　からだ全体を見ながら部位の名称を知ることで、体調不良等を訴える時、「おなか
が痛い」「ひざをすりむいた」と、正確な表現ができる力がつくことにもつながり
ます。

　健康やけがの予防、対応などについて学ぶことも大切ですね。

- -

●「からだの変化」について学習ができる。

　子どもから大人のからだになる時の変化について、参加者参加型で学んでいけま
す。自分や相手のからだが大切なものであることも、伝えていきたいですね。

ワンポイントアドバイス

●参加者の理解度に応じて伝える内容を工夫して行うとよいでしょう。名称を覚え
　ることだけが重要なのではなく、実際に自分の大切なからだの一部であることを
　イメージすること、触れたりすることが重要です。

●外性器模型を見ること自体に恥ずかしいという反応があることもありますが、大
　切なからだであることを前提として学習を進める必要があります。自分の大切な
　からだのしくみを知るとともに、大人のからだへ変化すること、パートナーのか
　らだも大切にすること、など、大切な学びであることを支援者が示す必要があり
　ます。

●ＤＶＤと合わせて学習することで、より具体的にイメージすることができます。

　以上のように、参加者のニーズに合わせて見たり、触れたりして学ぶことができま
す。支援者は、説明する意図や目的を明確にして指導、支援にあたるとよいでしょう。

　からだのしくみを学ぶことは恥ずかしいことではなく、自分や相手を大切にする
ことです。自分のからだや変化について悩んだり、困ったりしたときには、堂々と
相談することではありませんが、「そっと聞いてもいいんだよ」「一緒に考えてみよう」
と身近に相談できる支援者がいることもあわせて伝えておきたいですね。

教材解説❷ 射精と月経のしくみについての学び

❶ 射精のしくみを学ぶ

模型の左側では精子がどこで作られ、体のどの部分を通り、どのようにして体の外へ排出されるのかを、実際に模型で指し示し、参加者にも触れてもらったりしながら学ぶことができます。そして、右側では、スポイトから精液（着色した水など）をペニスに中に通したビニールパイプに流して、実際の射精の様子を再現しながら、伝えていきます。模型を使うことで、目に見えない自分のからだの中の働きを学び、イメージしやすくなりますね。

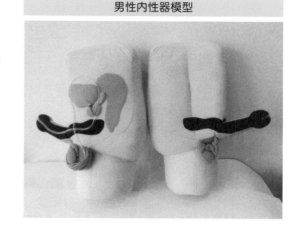

男性内性器模型

指 導 例

●「射精のしくみ」について学習ができます。

精子がどこで作られ、体内のどの部分を通り、射精されるかを参加者の理解度にあわせて指導することができます。おしっこと同じところを通るけれど、混ざってしまうことはないことも伝えておきたいですね。

② 月経のしくみを学ぶ

女性の内性器の中で、排卵された卵子が、からだのどの部分を通り、どのようにして子宮まで到着するかを、実際に模型に触れながら見て触って学ぶことができます。模型を使うことで、見えないところをイメージしやすくなりますね。

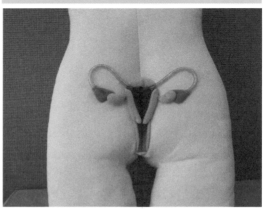

女性内性器模型

指　導　例

● 「月経のしくみ」について学習ができます。卵子がからだのどの部分を通って子宮まで到着するのか、また、子宮内膜の変化の様子と合わせて、実際にからだの中で起こっている変化について見ることができます。

また、月経血が排出される様子も、模型の子宮内膜内に貼り付けた赤い布をはがすことで実際に見て学ぶことができますよ。

ワンポイントアドバイス

● 参加者の理解度に応じて伝える内容を工夫して行うとよいでしょう。

実際の自分のからだに起きている変化と比較していくと、（精通や月経がある場合、その時のからだの感覚や変化を話したりする）イメージしやすいでしょうね。

● 内性器の働きは、実際に見て学ぶことができないので、模型を通して実感をもてるように、具体的な個々の事例を入れながら進めるといいでしょうね。

● 他に、精子や卵子のイラストを用意する等、参加者が親しみやすい教材を足していくこともいいと思いますよ～。

● 支援者は、説明する意図や目的を明確にして指導、支援にあたるとよいでしょう。

教材解説 ❸　性器の洗い方についての学び

● 性器の洗い方の学習

人体型の模型を使用して行います。

男性外性器模型

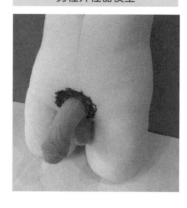

付け替え用ペニス模型

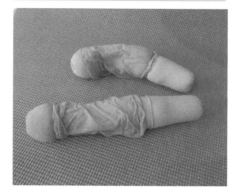

男性模型ではしっかりと包皮を剥く練習から、その時の力の入れ具合などの練習を繰り返すことが大切になってきますね。

実際に模型を使用することで、繰り返しの練習ができますよ。

男性、女性共に、間違った洗い方を学習している方も少なくないので、一つずつていねいに伝えて行くことが大切です。また反復することで技術として習得していけるようになりますので、支援者といっしょに確認しながら進められるといいですね。

女性も洗い方を中心に性器のケアの仕方、名称のおさらいがあわせて伝えられます。

女性内性器模型

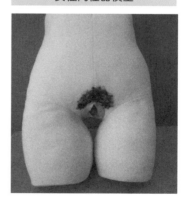

洗い方の指導をしながら、性器を大切に扱うこと、
名称のおさらいなどもあわせて指導するといいですよね。

「教材」を使った学びの実践

　模型の他にタオルやシャワーヘッドなど入浴の状況をできるだけ再現したほうが効果的です。洗い方の中でどこにつまずきがあるのかを観察しながら、洗い方の手順を伝えていきましょう。

COLUMN 「支援者の役割」

Aさん　私はアメリカに障害者の性教育の勉強に行きました。支援者向けの勉強会で、私たちのような支援者、学校の先生、マスターベーションの介助をする人など幅広い人たちがアメリカ全土から参加していました。主催者が強調していたのは、「私たちは社会的価値観を教える存在であって、個人的な価値観を押しつけてはいけない。個人的な価値観を教えられるのは親だけだ」ということでした。

　なるほどと思いました。支援者はやはり気持ちをジャッジしてはいけない。気持ちを引き出してそれを支援することが、サポーターとして必要なことだと思っています。

Bさん　性に関する認識はそれこそ千差万別で、セックスに肯定的な人もいれば否定的な人もいて、でもみんな普通に社会生活を送っています。情報をジャッジするのはその本人であり、私たちが提供するのはその判断材料ということですね。

Cさん　ある夫婦には3歳になる子どもがいます。しかし、支援者のなかには「2人目はダメ」とはっきりジャッジしたい人もいます。その夫婦は「あなたたち2人のためだから」とか「子どものためだから、絶対に2人目はつくっちゃいけません」と言われるそうです。

　しかしそれは、自分たちで選んでいいことだと思います。もちろん、そのためにはどういう支援が必要なのかの検討がされるべきですし、本当に子どもが危ない状況では難しい場合もあり得ます。けれども、支援者からも少なからず「ダメ」と言われてしまう現実があります。

　そこは、性について学ぶことによって、恋愛についても結婚についても、障害のある人もない人も変わりなく対等の立場だというところに、もう一回立ち返ることができるのではないかと思っています。

（藤原美保・松本和剛・河村あゆみ）

教材解説 ❹ 　性感染症予防＆避妊具装着の学び

● 性感染症、避妊具についての理解

　性感染症の理解には、まず性感染症について、基礎的な知識を伝えることから始まります。

　その後、どういった経緯（性行為など）で感染するのかと、予防の方法、感染した際の対処方法などていねいに伝えていきましょう。

準備するもの

コンドーム

ペニス模型

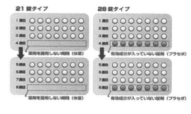

低用量ピル

　実際のコンドームやピルを目で見て触ってもらうことも大切ですよね。

　コンドームの装着の指導の際には、実際に模型を使用し、着用から処理までを一連の流れで行います。

ワンポイントアドバイス

● 感染症を伝える際には経口感染のリスクも伝えることが大切ですね。

● ダブル・メソッドをしっかりと伝えるとよいですね〜。

なぜ避妊や感染症予防をすることが必要なのかを伝えていきましょう。

※性感染症やピルについては、本書のPART2「思春期の心とからだの変化」P68〜76を参照してくださいね。

教材解説❺ 付録DVD「命のはじまり〜出産まで」 アニメーション解説

● アニメーション解説

この動画は、射精や月経などの機能が、妊娠・出産という生命誕生にどのようにつながっているかを理解しやすくなるように工夫されています。例えば、一部分を拡大することによって、からだのどの部分で起こっていることかがわからなくならないよう、全体像をワイプ（小窓画像）で補足し、視覚的に支援しています。

Chapter 1 （1分8秒）

❶ 男の人と女の人

親しげな男女がいます。それぞれの内性器のしくみを見ていきましょう。

お互いに好意をもち信頼しているようですね。

❷ 女性器をぐるっと一回転

普段は目に見えない女性内性器ですので、イメージしにくいですが、どのような形状をしているか一目瞭然ですね。徐々にクローズアップしていき、卵巣のアップにたどり着きます。参加者と部位の名称を確認してもよいでしょう。

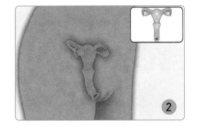

❸ 卵管采（らんかんさい）で卵子をキャッチ

卵子は約1か月に1個、卵巣から排出されます。そして、排卵された卵子は卵管采から卵管へ入っていきます。内性器のどの部分で起こっていることかわかるようにワイプ（右上の小窓画像）で全体像を示しています。メイン画像とワイプをうまく使いましょう〜。

❹ 男性器もぐるっと

　続いて男性器の形状が確認できます。ペニス、陰のう、精巣、膀胱、尿道口の位置を確認していけますよ。

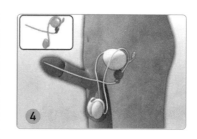

❺ 性交場面

　精子を卵子に送り届けるために、ペニスを膣に挿入します。この事実がないと受精は基本的にはありません。

　暗黙の了解を理解することが難しい子どもなどの場合には、この場面を客観的事実として知らせることによって、例えば「キスをしたら妊娠する」といった誤学習を防ぐことができます。

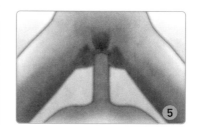

❻ 精子の通り道

　精巣を出発した精子は精管を経て、尿道へ合流します。精巣では1日に約7,000万個の精子が作られます。精子はわかりやすいように拡大して示しています。

　膀胱の上を通って尿道口に合流し、ペニスから出ます。

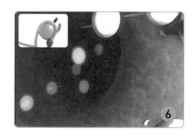

　興奮や刺激によって、精子がペニスから出ることを射精と言います。一度の射精によって、約3〜5億の精子が放出されます。

　数の単位、大小が理解しにくい場合もとても多くの数ということを、伝えましょう。大切な営み

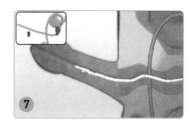

PART

3

「教材」を使った学びの実践

ということを伝えていけるといいですよね。

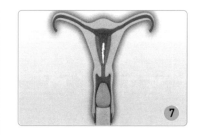

7 射精

性交をして、膣の中で射精があると、精子は子宮の中に入っていきます。

Chapter 3 （2分48秒）

8 排卵後

さて、卵子に戻りましょう。卵管采で卵管に入った卵子は、子宮の真ん中へと移動しています。

小さな世界のことを話していますので、からだの一部の中であることを常に伝えていくことも大事です。

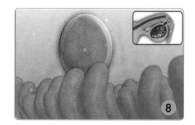

9 精子と卵子の出会い

ワイプを見るとわかるように、精子が卵管の奥に移動してきています。精子の先には何がありますか。よく見ると、奥のほうに卵子が見えてきます。

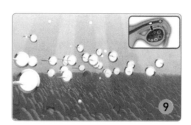

10 受精

精子は卵子に向かって一直線。競い合うように中に入ろうとします。そして、一つの精子が一つの卵子に入ります。

すると卵子の膜に変化が起こり、他の精子が入れなくなります。これが受精です。そして受精した卵子を受精卵と言います。

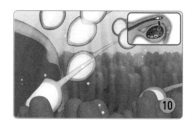

⑪ 細胞分裂

受精卵はこまかく分裂していって、脳、心臓、手や足、内臓などを作り出す準備をします。

⑫ 着床

約1週間かけて、子宮にある子宮内膜という赤ちゃんのベッドへたどり着きます。これを着床といいます。妊娠の始まりです。羊水に浮かびながらへその緒でお母さんとつながり、お母さんから栄養をもらってどんどん大きくなっていくのです。

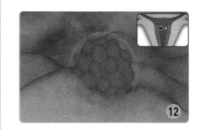

Chapter 4 （1分7秒）

⑬ 週数によって大きくなっていく様子

12週は身長約10cm。お母さんのおなかの中でどんどん大きくなります。実はこの頃には性器の男女の違いがはっきりしてきます。

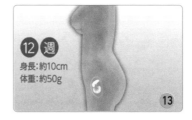

22週は重要です。22週未満であれば、母体保護のための人工妊娠中絶は法律で認められています。これ以降、人工妊娠中絶はできません。

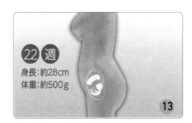

36週は約9か月。もういつ産まれてきてもおかしくない状況になります。

人は平均40週で産まれます。平均50cm、約3kgが標準です。

⑭ 出産

そして、出産です。「もう産まれるよ」というサインがお母さんに届くと、陣痛が起こり、子宮が収縮を始めるのです。そして、ワギナから出てきます。頭、肩、最後に足。何時間も時間をかけ、痛い思いをしながらも、みんなの協力を得て、お母さんは必死に産んでいます。

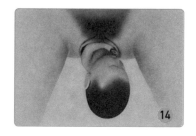

ここで、映像を止めて、正常分娩経験者に具体的な感想など話を聞いてみるのもよいでしょう。帝王切開で産まれている場合には「母体や赤ちゃんの生命を最優先に考えて、帝王切開という手術でお腹を切って産まれてくる場合もあります」など、補足する必要もあるでしょう。

⑮ 赤ちゃんの体の性別は？

さて問題です。この子の体の性別はどちらでしょうか。ワギナがあるから女の子ですね。性器の形状、からだの性は妊娠約12週までにはすでに決まっていましたね。

⑯ おめでとう

赤ちゃんはこうして親の元へ産まれ出てくるのです。そして、射精や月経が始まった人には、「新しい生命を誕生させる力」が身についたということなのです。その後に必要なのは、助け合いながら「育てる力」ですね。

┌───┐
│　　　　　　　　ワンポイントアドバイス　　　　　　　　　│
├───┤

● 音声や字幕による解説は一切ありません。このことは、参加者が学びたい内容に

　しぼって解説できることにつながっています。

● 参加者の理解度に合わせて動画は適宜止めながら使用してもOKです。

● 二次性徴の学習の導入として見せてもよいでしょう。この動画を見て具体的なイ

　メージをもたせた後に、それぞれの名称の解説をしたらわかりやすいでしょう。

● 逆に、名称の復習として動画を見ながら質問して理解度を確認することもで

　きます。

└───┘

● アニメーションの活用について留意すること

　アニメーションは、Chapter 1 ～ 4 まで 6 分41秒とコンパクトなので全部視聴して
もいいし、途中、好きな場面で止めることもできるので、時間的な制約がある時も「今
日はここまでね」と区切ることもできます。また、ていねいに伝えたい場面ではいっ
たん停止をして、子どもや若者たちにじっくりと画像を見てもらい一緒に考えたり、
話し合うという学習も効果的だと思います。

　アニメーションを使った学習の場を設けるにあたり、講師役の人たちが「ここは、
こう話そう、ここでいったん止めて、ワークをしよう」「子どもたちの好きな音楽を入
れてみたらいいかも」など、事前にじっくりしっかり練ることで、より楽しく有意義
な学びの時間が保障されることと思います。そして、そのような時間こそが支援者の
みなさまの力になることと思います。

　ぜひ、この無音のアニメーションをどんどん活用して、その現場らしい学びをつくっ
ていただきたいと思っております。

　※「7 アニメーション」P90もあわせてお読みください。

「性教育の意味、その実際」

　Aさん　娘に知的障害があるとわかったのはまだ小さい頃でしたが、すぐに思春期の性的なことが心配になりました。やはり女性であるが故に性的な被害に遭ったらどうしようと、そこが心配でした。それが親の会で性教育を始めるきっかけでした。

　Bさん　息子には重度の障害があります。小さい頃は息子の人格も意識せず、ましてや性教育なんて考えもしませんでした。けれども、性について学んで驚きました。「どんなに重い障害があっても、性に対することは一般の人と同じで、人間の尊厳に関わることだ」と知ったからです。お母さんがそれをわかった上で育てるのと知らずに育てるのでは、全然違います。大きくなったときに「いや」と言える力も、そういう勉強をしてこそ身につくのだと思います。

　Cさん　私は放課後等デイサービスで女の子の性教育を実施しています。

　性教育というと、セックスや月経、精通だけに特化されがちです。たとえば小学校４年生頃に一般的に月経の話などがあり、いきなり子宮の説明が出てきます。すると障害がある子たちは、子宮は小学校４年生頃にできるもの、という認識になってしまいます。尿道、膣口、肛門の区別ができず、まとめて一つの穴と思っている子もいます。

　ですから、女性の基本的な身体のつくりの話から始めています。

　Dさん　障害のある青年たちを対象にしたおしゃれ教室などを通して性教育に取り組んでいます。たとえば「ふれあう」ことも学んでいます。「心地いいふれあい」「やさしくふれる」などと言いますが、青年たちにはその「やさしく」がわかりづらく、強くふれてしまうこともあります。「どこが気持ちいいかな」といろいろと試し、気持ちがいいところはお互いに違うことや、自分の肌と人の肌とは感じ方が違うことを探りながら進めています。

　また青年たちに、「お母さんとずっといっしょに暮らしたい？」と問いかけると、「ずっとお母さんじゃなくて、好きな人ができたら、好きな人といっしょに暮らしたい」などと話し始めます。青年たちが自らどうしたいのかを主張できる力をつけるのも、性教育の大切な内容だと思っています。

（田中弘美・秋好眞澄・藤原美保・河村あゆみ）

PART 4

学校や事業所での
実践レポート

知的障害特別支援学級
性と生の学びの
教育実践

1　日常生活での関わりから「からだ」と「こころ」を大切にする

　4月、新しい赴任先で知的障害特別支援学級の子どもたちと出会いました。前担任との引き継ぎでは、特に緊急性のある性の課題があるわけではありませんでした。

　性教育といっても、子どもたちが「性に関する問題」を起こしているから指導するという意識ではなく、性と生を学んでいく過程が重要だと考えています。

　だからこそ私たちは、子どもたちがどのようなことにつまずいているのか、どんなことを知りたいと願っているのか、想像していく必要があります。そして、どのように教え、導いていくと、その子らしく理解が進んでいくのかを常に考えていくことが重要です。

　本学級では、「セクシュアリティ教育」として、子どもたちの学びを支える構造を三段階に分けて考えています。(右図)

　問題が起きてから、または起きたから指導が始まるのではありません。問題をなるべく小さなうちに本人や周りが気づくことが大切です。そして、本人が自分で解決したり、折り

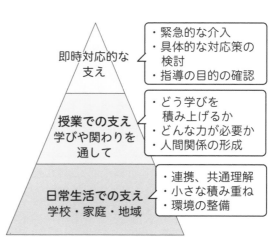

図●セクシュアリティ教育としての取り組み

合いをつけたりしていく力を育てていくことができるように支える必要があります。

　まず、土台となるのは日常生活における毎日の関わりです。健康や安全、清潔な身だしなみ、心地よい人間関係などの環境が教室や学校の中に整っていることが重要です。

　その上で、保健体育、道徳などの教科指導や自立活動の領域での指導を通して、学びや気づきの関連を深めていきます。

　そういった日々の学習の積み重ねがあるからこそ、予防的な関わりや学びを蓄積していくことができ、即時的に介入する場合であっても家庭や外部機関と連携した対応をとることができます。

　つまり、日常生活での関わりから「からだ」と「こころ」を大切にする取り組みは始まっていると言えます。そして、この3つのステージを下から順番に指導していくのではなく、どのステージも併行して支援していくイメージをもつことが重要です。毎日の挨拶や身だしなみの指導などの小さな関わりであっても、性教育につながっている大切な第一歩だと考えています。

2 　学級児童の実態と実践までの流れ

● 知的障害特別支援学級に在籍する男子児童3名

Aさん（1年生）

　いろいろなことに興味があり、好奇心旺盛。姿勢を保つことや体幹が少し弱く、ボディイメージをもつことや運動に少し苦手さがある。

　計算が好きで、算数を得意としているが、図形をイメージしたり、具体物を操作したりすることが難しい。

Bさん（4年生）

　感覚に過敏性があり、靴下や上履きを履くことが苦手。4年生になり、周りの様子を見て、いろいろと興味をもち、活動範囲が広がってきた。

　家庭ではパソコンで動画などを観たり、オンラインゲームをしたりすることが多く、睡眠時間を削ってゲームをすることもある。

Cさん（6年生）

　生活リズムはゆっくりで、落ち着いて過ごしている。言葉での表現は少なく、笑顔でのやりとりが多い。

　6年生になり、放課後等デイサービスの利用時に好きな友だち（男女共に）を見つけると手をにぎろうとする姿が見られるようになってきた。

（※個人情報のため一部改変しています。）

● 取り組みまでの流れ

①実態把握
②学校内職員での情報共有
③保護者へ「からだ」と「こころ」を大切にした指導の説明
・ハグ週間の位置づけ ・自立活動として体を意識した指導 ・健康なこころとからだ等に関する絵本の読み聞かせ、学級文庫の充実
④保護者や放課後等デイサービスとの情報共有

● 実践の流れ（2019年度実践）

自立活動「大切なわたしのからだ」	
「健康の保持」	生活のリズムや生活習慣の形成に関すること。
	健康状態の維持・改善に関すること。

①自分のからだを知ろう
②からだの清潔と健康
③そだちゆくからだとわたし（4年生と6年生のみ）
④けんこうによい環境

〈関連教科：保健体育「健康な生活」〉

3　自分のからだの大切さを学ぶ──授業実践の様子

❶ 日常実践：ハグ週間

　毎月8日・9日にかかる週を「ハグ週間」として、家族とハグをするというミッションを出します。保護者にも事前に説明し、ハグに協力してもらいます。子どもたちは「ハグカード」（下写真）を持ち帰り、保護者（家族）とハグをします。

　ハグをすること自体が目的ではなく、ハグを通して体も心も家族や身近な人とつながっていることを日常的に伝えていきたいと考えています。

　Aさん（1年生）、Cさん（6年生）はハグカードを持ち帰っては、よろこんで家族にハグを求めている様子が保護者から語られました。

　Bさん（4年生）は、少し気恥ずかしい様子でハグカードを持ち帰ります。母親からは、「恥ずかしそうにしているのがかわいくて、私から思いっきり抱きしめてしまいます」と素敵な関わりの報告がありました。

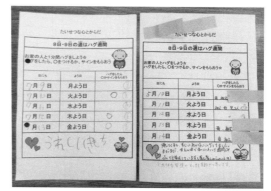

　ハグ週間には、「からだ」や「こころ」に関する絵本や紙芝居などを学級文庫に増やしておきます。学級文庫の本や教師による読み聞かせなどを通して、「からだ」や「こころ」に関心が高まるようにしています。

❷ 授業実践：①自分のからだを知ろう

　段ボールに寝転がり、自分の体の輪郭を型取りしました。自分の体の部位名を知っているかぎりカードに書くように伝えました。右写真は、Bさん（4年生）の体型とカードです。足元の感覚に過敏性のあるBさんは、上半身に比べて下半身の具体的な部位名が表記されていないことがわかります。感覚的な刺激の苦手さから、下半身に対するボディイメージが進んでいないのかもしれません。

　Aさん（1年生）は、体の部位の知識は誰よりも多く、「か

かと、のど、くちびるもあります」と張り切りながら体の部位をカードに書いていました。しかし、自分の体型の適切な部位の位置にカードを置くことが難しいようです。

　下写真（Aさん）では、「はな」「くち」の下に「くるぶし」や「ひざ」を置いています。Aさんは人間を描写するときに「頭足人」で描くことが多いのです。もしかすると、上半身に対するボディイメージが弱く、頭の下に下半身があるようにイメージしているのかもしれません。

　このように、体の部位や名称を考えさせたり、自分の体型の段ボールにカードを配置させたりすることで、子どもたち一人ひとりのボディイメージの課題も見えてきました。

❸ 授業実践：②からだの清潔と健康

　体の部位の名称やボディイメージを確認する学習では、浴槽に見立てた段ボールで体の洗い方を考えました。

　教師が「次は、右足首を洗いましょう」と言葉をかけ、名称を確認していきながら活動に取り組みました。子どもたちはお互いに「どんな順番で洗っている？」と確認したり、「くるぶしってどこだっけ？」と聞いたりする姿が見られました。下写真は、お互いの背中を洗い合っている様子です。

　清潔な体は健康にとって重要なことです。そして、清潔・健康は体と心にとって心地よいことなどをお風呂の気持ちよさと合わせて学んでいくことができました。

Aさん（1年生）は、「僕は一人で体が洗えるようになったよ」とうれしそうに自分の成長を話していました。心地よさや気持ちよさを友だちと共有することや自分で自分の体をしっかり洗えることが自信につながっている様子などを確認することができました。

❹ 授業実践：③そだちゆくからだとわたし（4年生・6年生）

変化する体や大人への成長について、高学年の二人で学び合いました。保健体育の教科書を確認したり、STEPプロジェクトで作成した教材模型を活用したりして、清潔な体を保つための体（下半身）の洗い方を学習しました。

今回は、児童の実態を踏まえ、男性外性器だけの模型を活用しました。

Bさん（4年生）は、興味津々に教科書や模型を眺め、「僕もお父さんや先生みたいに大人の体になれる？」と聞いてきました。「もちろん、体も心も成長していくよ」と伝えると、とても誇らしげに「やった」とつぶやきました。

下着やズボンで覆っている下半身は、とても大切な場所でプライベートゾーンということ、自分も他人も大切なゾーンであること、大切だからこそ清潔にすることなどを確認しました。

本学習では、4年生、6年生の2名のみの保健体育の授業としました。本来は、男女共に体の変化を捉えさせ、大人への体の変化の違いに気づくことも重要な学習です。しかし、Bさん（4年生）とCさん（6年生）の実態やその子らしく理解していくというねらいを基に学習内容を変更しました。

❺ 授業実践：④けんこうによい環境

これまでの学習を振り返り、健康によい生活や環境を整えていくことを確認し、授業の中で学んだこと、成長する自分への手紙を書きました。

Ｂさん（４年生）は、「大人のかっこいい体になりたい」とつぶやきながら、「運動・休む・うさぎとび・休む・筋トレ」を頑張ると自分に言い聞かせていました。(右写真)

男性の体が二次性徴からガッシリと大き

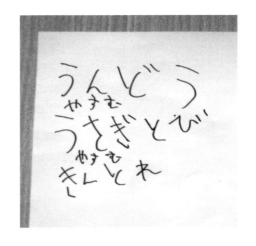

くなることなど、大人へのあこがれや自分の体の変化を楽しみにする姿からも体と心が成長している様子がうかがえます。

Ａさん（１年生）とＣさん（６年生）は、自分の体を自分で洗うことを目標にしたり、体育の授業を頑張ったりして成長していくことを発表しました。

また、成長した自分は他の友だちにどのように関わることができるのかをロールプレイを通して確認しました。単に、「他者との適切な関わり」をロールプレイするのではなく、本人がどんな自分に成長したいか、変化したいかを言語化、動作化して表現していくことが重要です。

学びを「自分ごと」として捉え、ロールプレイを行う子どもたちの姿はとても誇らしく見えました。

４ 知識を共に学び、不安感に寄り添う──実践のまとめ・その後

単元の学習を終えたからといって、性と生の学びが終わるわけではありません。日々の生活の中でも学びが活かせるようにかかわっていく必要があります。引き続き、保護者に活動の様子を連絡帳で伝えたり、課題を確認したりしていくことが重要です。

Ｂさん（４年生）の母親から「家ではなかなか体に関する話を本人から聞けないから学校での取り組みを聞けてうれしい」「子どもにとってそういう悩みが相談できる身

近な大人がいることが大切」という声をいただきました。

　その後、Bさん（4年生）は、体の変化に関して教師に相談をしてくるようになりました。小さな声で「ちょっとあとで話を聞いてもらってもいいですか」と声をかけ、体の変化や悩みを打ち明けます。周りに友だちや他の教師がいる教室ではなく、周りにも配慮しながら相談することができています。

　体に関する悩みはつきず、話を聞いていると子どもたちには「不安」が強いことがわかってきました。「授業中に（性器が）大きくなってしまってびっくりした」「このまま戻らなかったらどうしよう」というBさんの言葉はまさに、体の変化や成長を適切に伝えていく重要さを感じさせてくれます。

　「びっくりしたね。でも大丈夫。男の子の体には誰にでも起こることだよ。また、一緒に学んでいこう」と言葉をかけるだけでもホッとした様子のBさんを見ると、適切な知識を共に学ぶことと、彼らの抱える変化への不安感に大人が寄り添う関わりがとても重要だと感じます。また、身近に相談できる人がいること、困ったときには相談していいんだという雰囲気や場があることもとても大切なことだと言えます。

　現在、子どもたちは多くの情報に触れ、さまざまな知識を得ています。知識が増えたからこそ「正確なことを教えておきたい」と願う保護者の声も聞かれます。現在、本学級にもさまざまな児童が増え、学級集団は大きく変わっています。集団での学習場面は工夫が必要であり、私自身、学習形態や集団指導、個別指導など悩むことも多々あります。その中でもセクシュアリティ教育としての三段階の取り組みを意識して、日常的に指導、支援できること、各教科や領域の授業を通して指導、支援できることは継続しています。

　このような予防的側面の学習を蓄積していくこと、課題として見えてきたことは即時的に指導、支援していけるような意識を教師がもつことが大切だと考えます。そして、子どもたち自身が、性と生を「自分ごと」として学んでいけるように今後も支えていきたいと思っています。

（鉄井史人／小学校教員）

学校で性教育をするということ
──実践記録「性と生の学びの教育実践」によせて〜

伊藤修毅

　本書でも随所に触れていますが、現在の日本の学校は、決して性教育、性と生の学びに積極的ではありません。2021年度より文部科学省は「生命（いのち）の安全教育」を進めていますが、これも包括的セクシュアリティ教育とは似て非なるもので、性に対するネガティブな価値観を子どもたちに植えつけかねない内容となっています。一方で、ここ数年は「おうち性教育」といった言葉も聞かれるようになり、どうせ学校は性教育をしてくれないのだから、家庭で頑張りましょうという論調の性教育関連書籍も増えています。

　しかし、やはり、すべての子どもたちに平等に高水準の教育を保障できるのは学校です。「おうち性教育」も放課後等デイサービス等の事業所での性教育も非常に大切ですが、それらがいくら充実したところで、学校における性教育は「どうでもよい」ということには決してなりません。包括的セクシュアリティ教育の国際指針である「国際セクシュアリティ教育ガイダンス」では、「カリキュラムベースであること」を重視しています。

　こんなことをふまえると、この実践のように特別支援学級で、ていねいに積み重ねられた性教育の報告は、それだけでも大きな価値をもつものです。学校で性教育が行われるのは「事件が起こったとき」ということもめずらしくないなか、「土台となるのは、日常生活における毎日の関わり」という言葉は非常に大切です。何かが起こったときの「即時的介入」も、日々の学習の積み立ての上に成り立つという言葉は重く受けとめる必要があるでしょう。

　ここで紹介されている4つの実践の共通項は「からだ」です。とことん、自分のからだを知り、自分のからだの大切さを実感できるような取り組みが積み重ねられています。当たり前ですが、自分のからだの大切さが実感できるようにならなければ、「他の人のからだも同じように大切」という感覚は育ちません。その意味では、性加害防止の第一歩と言えます。また、自分のからだが大切であるという実感があるからこそ、不本意な侵害に対して明確に拒否を示すことができます。その意味では、性被害防止

の第一歩でもあると言えます。

　さて、度々、「国際セクシュアリティ教育ガイダンス」を紹介していますが、「6.1 性と生殖の解剖学と生理学」という項目があります。その最初の（5〜8歳の）学習目標は「自分のからだの名称と機能を知ることは重要で、性と生殖にかかわる器官も含め、それらについて知りたいと思うことは自然なことである」です。

　この目標に向けて、学習者ができるようになることとして「内性器、外性器の重要な部分を明らかにし、それらの基本的な機能を説明する」「性と生殖にかかわる器官も含め、自分のからだを知りたいと思うことはまったく自然なことであると認識する」「自分が知りたいと思うからだの部分に関する疑問について、質問したり疑問に答えたりすることを実践する」の3点が挙げられています。この実践は、特段、ガイダンスを意識されていたわけではないかと思いますが、結果的には、十分にガイダンスに沿う内容になっていると言ってよいでしょう。

　この実践では、たまたま在籍していた児童が男子のみだったということで、基本的には男の子・男性のからだのみを扱っています。女子がいたら、どのような実践になっていたのか、という疑問をもたれる方もいらっしゃるかと思います。いまだに、性教育は、「男女別々」にやるのが「当然」と思っている方も少なくないようですが、「からだ」の授業は科学です。科学を学ぶのに、男女を分ける必要性はまったくありません。その意味では、女子がいるかいないかにはかかわらず、女の子・女性のからだについても同様の授業を行うべきでしょう。ぜひ、この実践の続編では、この部分を期待したいところです。

放課後等デイサービス
はじめてきいた
からだのはなし

1　抱える困難さにどう支援するかに悩んで

　本実践の3人の対象児には、それぞれ未成年の兄や姉がおり、その兄や姉は未婚で妊娠・出産し子どもと一緒に対象児と同居しています。職員は、対象児たちが幼い子らの面倒を見ており、学校生活に支障をきたしている状況に不安を抱えていました。本人たちの抱える困難さが「問題行動」といわれる形で表出してきており、どのように支援するかを悩んでいましたが、職員にもノウハウがなく、会議をしても前に進まなかったため、STEPプロジェクトに協力を依頼することとなりました。

● 対象児の実態

　Aくん（中1男子／軽度）

　　自分の思いを言葉にして伝えることができている。共通の話題を通して友だちをつくることが得意であるが、兄弟には手が出てしまうなど粗暴な姿も見られる。弟のお尻に指を入れてしまうことがあった。

　Bくん（中3男子／中度）

　　優しい気持ちをもっていて、人の嫌がることはしない。お願いされたことは成し遂げようと一生懸命頑張るが、自分の思いを言葉にすることが苦手で、うまく伝えられない気持ちが強くなると暴力的になってしまうことがある。下着泥棒をしてしまったことがある。

Cさん（高1女子／軽度）

　小さい子や困っている人を助けたい気持ちをもっている。職員の問いかけには正直に答えている。明るく、友だちの輪の中心になれるように振舞うことができるが、人の意見に左右されてしまうことがある。彼氏や異性の友だちも多いので、保護者から性について話す機会をつくってほしいと依頼された。自宅でのさまざまな問題から自傷行為等もあり、児童相談所による定期的なカウンセリングを受けている。

●取り組みの流れ

①ＳＴＥＰに性の学びに関して不安を抱えている利用者さんがいるが、何をしていいのかわからず悩んでいることを相談。対象児の資料を作成し、共通理解を得てもらい、どのような指導法があるかを一緒に考えていただく。
②保護者に、本人がどのようなことに困っているか、また、事業所のスタッフ間は、どのようなことに困っているかを伝え、学びの機会をもつことの同意を得る。
③対象児に、放課後等デイサービスの時間にちょっとした勉強会をすることを伝え、参加しないかと誘う。
④ＳＴＥＰと対象児と事業所で日程調整を行う。
⑤事業所内の空き部屋に模型やホワイトボードを準備し、勉強会ができるよう環境を整え、取り組み開始。

2　取り組みの内容

1 男性器の名称としくみと射精

　まず、畳の部屋で車座になって座り、この学習会でのニックネームを決めることから始めました。講師役のスタッフも子どももニックネームで呼び合うようにすることで、おとなへの相談のしやすさを演出しました。

　導入では、スタッフの赤ちゃんの頃の写真を見せ、「赤ちゃんはどこから来たか知っている？」と問いました。「お母さんのおなかから」とＡくんが答えます。「じゃあ、

その赤ちゃんはどうやってできるか？」と問うと、子ども
たちは、ニヤニヤするも答えません。妊娠・出産に関して
は経験や授業を通して「なんとなく」理解している様子は
伝わってきました。

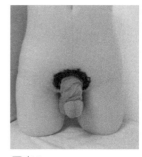

写真1

　まず、男性器の模型（写真1）を出し名称を学びました。
模型を見て、男の子は落ち着いていましたが、女の子は照
れて後ろに下がってしまいました。しかし、女性スタッフ
が付き添うと少しずつ参加するようになってくれました。そして、内性器の模型（写真
2・3）で、名称や働きを確認しながら学んでいきました。模型を実際に触れているの
で、疑問に思ったことは「これは何？」と講師に確認する様子も見られました。

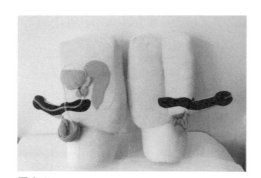

写真2

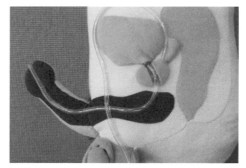

写真3

　赤ちゃんのもとである精子がどこでつ
くられ、どのようにして体外に排出され
るのか確認し、射精のデモンストレーショ
ンも行いました。精巣でつくられた精子
が、精管を通り勃起したペニスから射精
される様子を興味深く学んでいました。
名称は模型で場所を示しながら、ホワイ
トボードに書き記していくと、Bくんは、
熱心にメモ（写真4）を取っていました。

写真4

② 女性器の名称としくみと月経

　休憩をはさんで女性の外性器の模型（写真5）で名称を学び、内性器の模型（写真6）で名称と働きを学びました。卵巣から排卵された卵子がどのように体内を動くのかを確認し、受精・着床せずに子宮にたどり着いた卵子と子宮内膜が月経血として体外に排出されることも学びました。

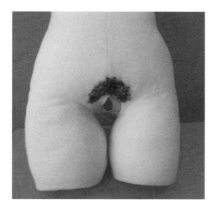
写真5

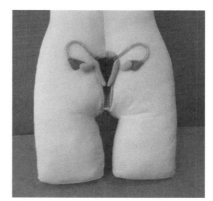
写真6

　名称をホワイドボードに書くとメモをとっていました。Cさんのメモ（写真7）からは、男性器の名称を学んだ時と比べ、学ぶ姿勢に変化が感じ取れました。

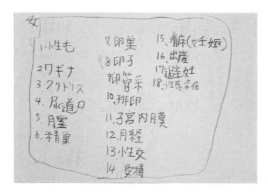
写真7

③ 性交と避妊

　その後、男性器と女性器の模型（写真1・5）で性交を学び、精子と卵子が結びついた受精卵が子宮に着床することによって妊娠が成立することを学びました。
　また、避妊や性感染症の予防の方法として、コンドームの実物を使い、実際に触っ

て学習し、どのように装着するのかも一緒に学びました。

　最後に、今回の学習会でのことを今後の生活にどのように活かすかを尋ねてみました。Ｃさんは「セックスすると赤ちゃんができるかもしれない。今は育てられないから、20歳になるまではしない」と自らの考えを述べ、学習会は終わりました。

３　対象児たちの様子

　導入では恥ずかしながらも楽しく応えていましたが、実際に模型を目の前にすると恥ずかしい気持ちが強くなってしまい、Ｃさんは学びの輪から外れてしまいました。同性のスタッフが付き添うことで学びの輪に戻ることができましたが、とても素直な反応であると感じました。講師が冷静な対応で学びを提供し、実際に触れながら学ぶことで徐々に恥ずかしさが減り、学ぶ姿勢に変化が見られたものと思います。特に、射精や月経での体内の様子は、自分の身体を見て確認できるものではないので真剣さが増しているように見受けられました。

　女性器の学びは、休憩後ということもあってかリラックスした状態で始めることができました。問いかけに対して積極的に答える姿も見られるようになっていましたが、ＡくんとＢくんは初めて知る内容が多く、メモをとることに追われてしまっているようにも見受けられました。

　その後、受精・妊娠・出産・避妊に関しての学びでは、初めてコンドームを触り、語りあう場面も見られました。また、振り返りの場面では、メモを確認しながら答える姿が見られました。

４　繰り返し個別学習が必要──２週間後の振り返り

　２週間後に再度の振り返りを行いました。この時も、対象児たちは、シートに自ら進んで記入し、自分の思いを伝える姿が見られました。

　その際の感想用紙には「〇月〇日（土）ようびのかんそうは女のことおとこのこの

からだはどうやているかしくみがわかてよかったです。とてもべんきょうになにました」（写真 8）と書かれており、男女の体について理解が深まっている様子が感じ取れました。また「（学習会が）楽しかったからまたやりたい」と書いた人もおり、学習意欲の高まりにつながったと言えます。

　しかし、2 週間前の学習会を振り返ることが難しく、感想用紙への記入がなかなか進まなかった人もおり、1 回の学習では学習内容の理解につながることは難しいと考えられます。繰り返し個別学習を行うことで理解につなげていく必要があると感じました。

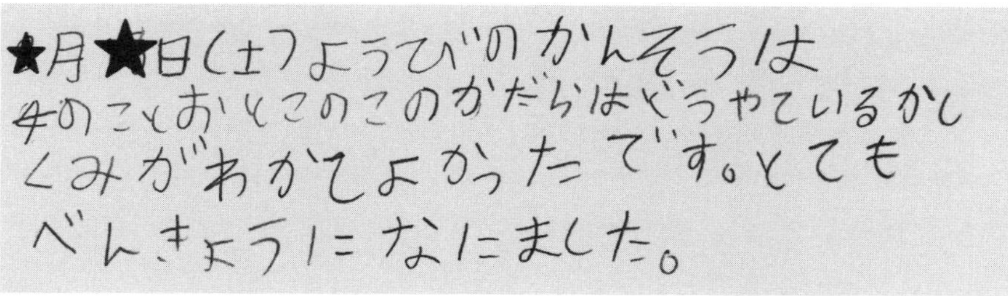

★月★日（土）ようびのかんそうは
女のことおとこのこのかだらはどうやているかし
くみがわかてよかったです。とても
べんきょうに なにました。

写真 8

5　性についての知識を深めていきたい──その後・まとめ

　事業所のスタッフからは、次のような感想が挙げられました。

- 自分たちではなかなか踏み込めない内容に、模型等を用いて具体的にていねいに指導してもらえてありがたかった。保護者からも感謝を伝えられ、性について保護者と話し合うきっかけにもなりました。
- 具体的な指導のノウハウを学ぶことができ、今後の指導の指針とすることができました。迷ったら本学習会を振り返ろうと思います。

　自分たちでどのように伝えていけばいいのか、手段も教材もなく「どうやったらいいのかなぁ」と進めることができていなかった中、STEP プロジェクトに相談し、教材の使い方などを学ぶことができ、学習会を進めていくことができました。

今回の学びを進めていく中で、自分たちも性についての学びができていないことを再認識できました。きちんとした性の知識を子どもたちに伝えることができず、ほとんどを周りの方々に助けていただきました。性についての知識を深めていき、知らないこと、わからないことを少しでも減らしていき、向き合っていけるようにしていきたいと思います。

（鈴木千尋／福祉事業所　職員）

CHAPTER 2 支援実践へのコメント

性器や性交を肯定的に語ることが自己肯定感を育む
～実践記録「はじめてきいたからだのはなし」によせて～

伊藤修毅

　本実践記録に登場する子どもたちは、知的障害に加え、生い立ちや家庭環境などによる困難があり、性的な「問題行動」を表出している状態にあると理解できます。「問題行動」があると、ついつい支援者たちの思考は、どうすれば「問題行動」をなくすことができるだろうか、という方向に進みがちです。「問題行動」をなくすために、厳しいしつけを繰り返すことが逆効果であることは言うまでもありません。人間をパブロフの犬のように扱うような技法に走ることも避けたいところです。多少時間がかかったとしても、自己否定感の塊になるような人生を歩まされてきた子どもたちには、「自己肯定感を高める」という地道な目的からブレないことが肝心だと考えます。

　この実践は、性器の名称や機能、そして性交そのものに踏み込んだ、勇気ある実践です。そして、そこにＳＴＥＰプロジェクトで作成した、男性器・女性器の模型が効果的に活用されています。実は、学校教育では、性器（特に外性器）や性交は避けて通ることが「適切」とされています。もちろん、実際に避けて通る必要はないのですが、学習指導要領という印籠によって避けさせられてしまう学校の先生方の実情は残念ながら現実です。加えて、このような具体的でリアルな模型を使用することは、現在の学校では躊躇せざるを得ないという面もあると思われます。その意味では、放課後等デイサービスのような学校以外の現場でのこういった実践は、非常に意味のあるもの

になります。

　国際セクシュアリティ教育ガイダンスでは、「セクシュアリティに興味を抱くことは自然であり、信頼できるおとなに疑問を尋ねることは重要である」という学習目標が示されています。セクシュアリティについての疑問を尋ねる対象となる「信頼できるおとな」は、もちろん、セクシュアリティについて肯定的に語ってくれるおとなです。この実践の対象児たちにとっては、この学習会の場が、はじめてそんなおとなに出会った場になったという面もあるのではないでしょうか。

　そもそも、なぜ、性器や性交は避けられる必要があるのでしょうか？　おそらく、「ワイセツだから」という回答がなされるのでしょう。しかし、あえて問います。性器はワイセツなのですか？　性交はワイセツなのですか？

　漫画家のろくでなし子さんは自らの性器をモチーフに作品づくりをし、それがワイセツであるということで逮捕・起訴されました。この時、ろくでなし子さんは「わたしのからだにワイセツな部分なんてないのだ」ということを一貫して主張しました。この明快な主張は、からだ（もちろん性器はからだの大事な一部です）の名称や機能を肯定的に学ぶことが「自己肯定感を高める」ことになるということを示しています。

　性交も、当事者間の合意があり、安心・安全が保障されているかぎりは、ワイセツな行為ではありません。合意に基づかない、安心・安全が保障されない性交はワイセツのそしりを得ないと言えますが、だからと言って、性交そのものがワイセツな行為となるわけではありません。ろくでなし子さんの表現を少し借りれば、「わたしたちの生命は、ワイセツな行為で始まったわけではない」と言えます。性交を肯定的に学ぶということは、生命の誕生を肯定的にとらえることにつながるということでもあるのです。

　性器や性交を扱うことへのタブー観や苦手意識は、まだまだ日本社会のおとなたちの多くが払拭できていません。しかし、それを乗り越え、性器も性交も避けずに挑んだこの実践は、自己否定感の塊と化した子どもたちのこころに「自分って大切なんだ」という思いを咲かせるための、重要な種まきになったのではないでしょうか。

就労継続Ｂ型事業所
これが知りたかった！に
答える学びの時間
自慰支援を通して

1　さらなる学びを──取り組みの経緯

　もともと当施設では学びあいの機会があり、前回は「赤ちゃんができるまで」をテーマに性交、避妊の指導を行っていました。日頃より性に関して困っている様子が強い二人（Ａ：34歳男性、Ｂ：24歳男性）にさらなる学びを提供する機会をつくりたいと考えて、子ども＆まちネットSTEPプロジェクトに相談し実施にいたりました。

2　対象者の実態と実践までの流れ

● 学ぶ対象者のプロフィール

　　Ａさん：34歳（男性）

　　・17番部分モノソミーの部分欠損　　・療育手帳所持（Ａ判定）

　　・支援区分2　　　　　　　　　　　・就労継続Ｂ型、グループホーム（GH）を利用中

　　お店で成人向け雑誌を立ち読みして、自分の性器を触る。自慰をするが、事後の処理が不十分なことがある。欲求不満時に女性職員を触りにいく姿も見られる。やさしくて、兄貴肌。仕事を休まず後輩の指導も行っています。言葉によるコミュニケーションはできる。

Bさん：24歳（男性）

・知的障害　　　　　・療育手帳所持（A判定）

・支援区分2　　　　・就労継続B型、GHを利用中

　「彼女」「結婚」へのあこがれが強く、ネット情報を鵜のみにしており、女性に抱きついてしまうこともある。「むずむずするけどどうしていいかわからない」と言い、自慰ができない。

　性に関する悩みを言葉で伝えることができる。リーダー気質。素直で人の話をしっかり聞くことができる。仕事も真面目に取り組んでいる。指先が不器用。

● 取り組みまでの流れ

①Bさんから職員へ「性の学びがしたい」と依頼
②職員よりSTEPプロジェクトに相談
・対象者の資料を作成し、共通理解。 ・どんな指導をするか一緒に考える。
③GH、ご家族への説明・同意を得る
④日程調整
⑤資料の作成、模型の準備
⑥取り組み開始

● 実践の流れ

①環境設定：仕事後に施設内のカフェを使用。 　ジュースを飲みながらゆるやかな環境。
②スライドにて二次性徴による体の変化、外性器、内性器の名称を確認。
③模型を使用し、勃起や射精のしくみを確認。
〜休憩〜
④マスターベーションについての説明。
⑤模型を使用し、マスターベーションの練習。
⑥まとめ、振り返り

3 取り組みの様子

❶ 二次性徴の体の変化について

　当事業所では月に2回定期的に行っている仕事後の交流の時間を使い、今回の学びの時間を設定しました。普段から行っている慣れた環境もあってかリラックスした雰囲気の中スタートすることができました。

　まず、二次性徴による体の変化をスライドや模型を用いて確認しました。これまでの学びを活かし、AさんもBさんも「わき毛が生える」といった体の変化や、「女の人は胸が大きくなる」というように、男女の違いを説明することができていました。しかし、その後の内性器について確認し、勃起や射精のしくみを学びましたが、内性器になると「ペニスからおしっこ以外に何が出るか」といった問いかけにも「わからない」と答えるというように、精子のことは理解できていませんでした。そこで、模型を使い具体的に射精のしくみについて説明すると、「あの白い液体は赤ちゃんのもとだったのか！」と気づいた様子でした。

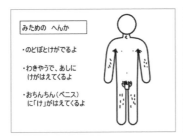 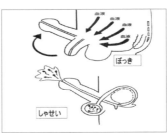 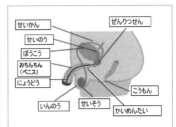

※実際に使用したスライド資料の一部抜粋

　さらに射精を、遺精、夢精、マスターベーション、性交の場面に分けて説明しました。
　当初Aさんは恥ずかしそうな様子が見られていましたが、自らの射精経験を振り返って「（自分の処理の方法は）あっているのかな？」と関心をもったようで、その後、恥ずかしがらずに話し合いに参加できるようになっていきました。

❷ マスターベーションについて

　休憩をはさんで、模型を使いマスターベーションのデモンストレーションを行いま

した。まず、マスターベーションに必要な環境設定について話し合い、例えば「自分の部屋はＯＫ？　トイレは？　人がいたら？」というようにＴＰＯを確認したのち、青年雑誌や映像、処理用のティッシュやビニール袋など、必要な物について確認しました。

それぞれの趣味嗜好を話し合うことで、お互いの違いを認識しつつ、自分の好みを明確にできたことは、マスターベーションによって自らの性欲をコントロールしていく上で重要で、彼らもよりリアルにイメージができた様子でした。

その後、模型を用いて実際にマスターベーションの実習を個別に行いました。手の動かし方、射精時の受けとめ方、事後処理の仕方について指導とともに繰り返しました。二人とも声をそろえて「むずかしい！」「これであってますか」というように、茶化す姿は一切見られず、終始、熱心に実習を続けていました。

取り組む姿から、マスターベーションは簡単に身につくものではなく、そのことが性器を傷つけるような不適切な方法にもつながっているのではないかと感じました。

支援者より「１回では身につけることが難しいようなので、繰り返し練習してみましょう」と伝え、最後に学習を振り返ったところ、「練習して正しいマスターベーションを身につけたい」といった感想や、「マスターベーションをしても女性に抱きつきたくなったらどうしよう」という不安が出されました。答えとして、性について悩みがあったら信頼できる人に相談すること、今回のように一緒に学ぶことが大切であると伝え、学習会を終了しました。

5　実践を振り返って

マスターベーションについては、ＧＨ職員に学びの時間の様子を伝え、青年雑誌等の購入のあり方について、本人と話し合うよう依頼しました。また、適切なマスターベーションを身につけることができるよう引き続き見守りや支援を依頼しています。

ＧＨ職員から次のような感想が挙げられました。

●グループホーム世話人より

- マスターベーションの困難さに初めて気づくことができ、本人と適切なマスターベーションについて話し合うきっかけとなりました。さらに、本人の性に関する悩みについても相談にのるようになりました。

- 学習会対象者だけでなく、グループホームの他の入居者にも同様に取り組みが必要だと感じるようになりました。

●実践担当者より

- 自分たちだけで指導を考えていると「これでいいのかな」と不安になりますが、STEPプロジェクトに相談したことで、教材のノウハウを学ぶことができたり、学習会を進めていく上でおさえておくべきポイントを確認したりすることができたので、安心して指導に取り組むことができました。

- 指導の経過についても、STEPプロジェクトは相談できる場を提供してくれるので、安心して継続的に取り組むことができています。

- 今回の指導を行う上で、改めてまずは自分たちが性について学ぶ必要性をすごく感じました。知らなければ伝えられないし、知らないことで指導を後ろ向きになっていたように感じます。

- 指導をする中でAとBの真剣さを感じ、「学ぶ」という時間が彼らにとってはすごく必要で、また求められているものだと感じました。ただ知識を伝えるだけでなく、どう個人個人に合った伝え方をしていくかは今後の課題だと思います。

6 職員、利用者ともに学びの継続・循環が重要

　実践から3年が経ち、当時と今で環境も大きく変わってきました。Aさん、Bさんともにより成熟した大人となり、異性との距離感や自慰に関する悩みも減り充実した生活を送っています。ただ、TVやタブレット端末から簡単に動画が見られるようになった今の時代に合わせて、再度一緒にルールや使い方を学び直すことや、そのつど動画を見て不思議に感じた部分などは相談してくれています。改めて本人の成長や時

代に合わせて継続的に学んでいくことが大切だと感じています。

　施設の職員も性についての受容に変化が見られ、肯定的な受けとめが声かけの仕方や支援のアイデアに盛り込まれるようになりました。職員、利用者さんともに、この学びの循環が性教育の視点だけでなく、権利保障や意思決定においてとても重要なのだと思います。

（竹内健悟／社会福祉法人ゆめネット　生活支援員）

CHAPTER 3 支援実践へのコメント　自慰は、男の"必須科目"、女性の"選択科目"？？

木全和巳

　24歳の知的しょうがい男性が、自慰について悩んでいます。この悩みに共感して、さらに"正しい"自慰の方法を知りたい、学びたいという"ねがい"を受けとめた、生活支援の現場ならではのすてきな実践の報告です。

　Aさん、Bさんのように知的しょうがいのある青年たちの多くは、二次性徴というからだとこころの変化について、ていねいな学びを経験することなく、大人になっています。ですから、自慰による性衝動のコントロールも、自慰により満足をする方法も、そして、射精などのしくみや精液の中に赤ちゃんのもとになる精子があることもわからないまま、いまにいたっています。こうした実態があるなかで、このような実践は、とても意味があると思います。

　いつでも知りたいときに、きちんと課題に向き合って、伝えてもらえる、学び合える支援があることは、誰もが本来もっていて、保障されるべき「性と生の健康への権利」の視点からは、当然のことです。けれども、特に知的しょうがいなどの機能しょうがいがあると、こうした支援を受けることがなかなかできていません。

　知的に遅れがない青年たちであれば、友だちやインターネットを通して、間違っているかもしれない情報も含め、手に入れ、自分なりに工夫をして、自慰をしています。しかしながら、知的しょうがいのある青年たちは、こうした情報にも接触することがむずかしいまま、触ると「ダメ」と叱られる経験だけを積み重ねていきます。ペニスは、

自分の大切なからだの一部なのですが。

　今回の実践では、本人たちのねがいを受けとめ、基本的に押さえる必要がある①射精のしくみ、②自慰をする時の場所、③青年雑誌や映像、処理用のティッシュやビニール袋などのグッズ、④ペニスの動かし方などについて、具体的に伝えています。

　この実践で、わたしがよいなと思ったことは、「それぞれの趣味嗜好を話し合うことで、お互いの違いを認識しつつ、自分の好みを明確にできた」という性の嗜好の多様性を尊重しているところです。もう一つは、「手の動かし方、射精時の受けとめ方、事後処理の仕方について指導者とともに繰り返した」と、個別に具体的にできるまで何度も繰り返し練習をしたところです。

　「自慰は、男の"必須科目"、女性の"選択科目"」という言葉があります。「？？」をつけたのは、実は、誰にとっても大切な科目だから。特に、青年たちにとって、単に知識として「わかること」だけではなく、きちんと「できること」が大切です。支援者の「取り組む姿から、マスターベーションは簡単に身につくものではなく、そのことが、性器を傷つけるような不適切な方法につながっているのではないかと感じた」という言葉を受けとめたいですね。

相談支援の視点から

対話を通して学び合う
青年・成人期の性の学び

1 「生・身体・性」を学ぶ時間

　障害児の支援に携わって20年余、乳幼児期から関わった子どもたちが順々に成人式を迎えるようになった頃、現在の相談支援の職に就きました。さまざまな障害や生きづらさを抱える当事者やそのご家族、支援者、教員の方々と向き合う中で、青年たちに「集団で学ぶ」機会が不足していること、そして学校を卒業と同時に精神的に孤独になっている若者が多いことに気づきました。

　当事者本人の思いやねがいを受けとめ、向き合っていくためには、まずはその本人と本音で話ができる関係づくりが重要ですが、時にその思いはご家族など本人以外の人が、本人の言葉を代弁する形で当事者の本音とは別の思いが伝えられることも多く、たとえ本人に話す力があっても長きにわたり、親や教育者、支援者の言うことに従って生活してくることによって、「自分」の思いやねがいが見えない青年たちもとても多いと感じてきました。

　そんな折、一部の青年たちの「自分づくり」の学習をお手伝いしていた就労支援事業所から「他の仲間たちにも学びの時間を保障していきたい」という相談があり、18歳から70歳までの幅広い年齢層の仲間たちを曜日ごと５つのグループに分けて、各人が毎週１～２回ずつ午後から100分間の「学び」の時間がもてるようになりました。そして月１回（１週間）は「生・身体・性」を学ぶ時間となりました。

● 自分のからだを描いてみよう

● おとこ・おんな　大人・子ども　の違いって

● からだの特別な部分（プライベートゾーン）にもしイヤなことをされたら

● おとこの子の性器のしくみ　射精のしくみ　夢精　セルフ・プレジャー

● おんなの子の性器のしくみ　月経と排卵のしくみ

● 男らしさ・女らしさ

● からだの部位のなまえ

2　自分のからだを描いてみよう

　生・身体・性の学びを始める前に仲間たちが自分や自身のからだ、他者に対する興味など、どのように感じているかのアンケートを取り、グループ分けを考えました。さらに、アンケート用紙の後ろに自分の服を着ていない全身の絵を書いてもらいました。頭と両手、両足はほぼ全員が書けていましたが、胸、へそ、性器などは書いていない人がほとんどでした。

3　そんなこといっちゃあいかん

　そこで、まずは「おとこ」と「おんな」のからだの違いを考えました。二つの全く同じイラストに髪の毛をつけると長い方がおんな、短い髪がおとこと答えました。そこでヘアカタログ画像から長髪の男性と短髪の女性の写真を見て、髪型で男女がわかるのか、もう一度考えました。

●こころとからだのアンケート（抜粋）

質　　問	はい	いいえ	わからない
あなたはじぶんのことがすきですか？	16	1	2
あなたはじぶんのからだをたいせつにしていますか？	18	0	1
あなたは男性のからだにきょうみがありますか？	男5	男7	男1
	女3	女2	女1
あなたは女性のからだにきょうみがありますか？	男8	男4	男1
	女5	女1	女0
あなたはおつきあいをしているひとがいるか？	6	9	4
あなたはこいびとがほしいとおもいますか？	14	4	1
あなたはけっこんしたいとおもいますか？	13	6	0
あなたはすきなひとにさわりたいとおもいますか？	12	6	1
あなたはじぶんのからだのことをしりたいとおもいますか？	17	2	0

　仲間の中の髪の短い女性に「あなたは男ですか？」と聞きました。本人も周りの仲間も「違う！」と答えました。そこで、「男性と女性のからだの違いは何だろう？」と尋ねてみましたが誰も答えません。では「トイレには男性トイレと女性トイレがあるけど、何が違うの？」と聞くと、「男は立ってする」と答えましたが、「女の人はどうして立ってしないの？」という質問には誰も答えません。イラストの片方に男性器を付けて「ペニス、おちんちんがついているのは？」「おとこ！」わかっていた人たちはここでははっきり答えました。

　「そんなこといっちゃあいかん」と一人の仲間がつぶやきました。「いっちゃあいかん？　おちんちんのこと？」と尋ねると彼は、わたしを見てはっきりと頷きました。そこで「おちんちんのこと、言ってはいけないと言われたことのある人？」と聞いてみるとどのグループでも半数以上の手が上がりました。彼は学校でそう教わったそうです。親から教えてもらったという人もいました。からだにはいろいろな名前があって、「おてて」や「あんよ」と同じように「おちんちん」もからだの場所を表す名前であること、言ってはいけないことではなく、きちんと知って言えることも大事という

ことを伝え、「これから一緒に勉強していきましょう」と言うと、うつむきがちだったみんなの顔が上がり表情が明るくなりました。

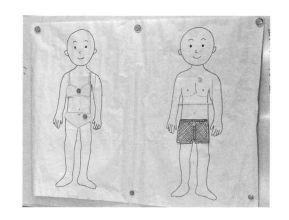

　それから「自分のからだを知る」ということで、男性、女性それぞれに性器のしくみや成長・加齢にともなう体の変化、射精や月経などについても教材やイラスト、動画などを使って学習してきました。

4　男らしさ・女らしさ

　他の仲間たちより先に「自分づくり」の学習を希望し、参加してきた仲間たちは将来的に一般就労や自立を目指す人もいて、他者の目を気にしたり、葛藤や悩みを抱えている青年たちです。彼らは週2回学びの時間をもっており、独自のテーマでも学習に取り組んでいます。

　「自分」の中に固定的に捉えてしまっている観念に気づき、多様性を理解していくために、まずは「らしさ」について考えました。それぞれに男らしい、女らしいのイメージを出し合い、それについて自分たちが感じたことを発言しました。

　こういった話の中で「ああ、自分もそう言ってたけど、やっぱ変だよね」「ボクはこう言われてすごく嫌だった」などといろいろな意見が出されました。

男らしさのイメージ	女らしさのイメージ
泣かない　スポーツ好き　虫好き　電車好き　ロボット　力持ち　カード遊び　外で元気に　青　ヒーローもの　トーマス　ズボン	優しく　おしとやか　物静か　おしゃべり　人形　ままごと　ドレス　占い　お洒落　家で大人しく　ピンク　アクセサリー　プリキュア　アイカツ　スカート

感じたこと、感じていること
・男は女を泣かせるな！…女は男を泣かせてもいい？！
・女の人には年齢や体重を聞かない。
・女同士の話に男が口をはさむな！
・女の人に触るな！
・男は女の裸を見てはいけない。

5 自分もスカートを履いてみたい

「らしさ」に続く学習として、あるニュース番組で週に１・２回スカートで登校するという男子高校生を取材した映像をみんなで見ました。男子高校生が「スカートも服装の選択肢のひとつ。ありのままの自分らしさを認め合える社会になってほしい」と語りかけたことに対して、仲間たちは次のように語りました。

みんなが映像を見て思ったこと
・すごく素敵だった。ありのままが受け入れられているのがよかった。
・自分もスカートを履いてみたいと思ったことがある。親に反対されてあきらめた。
・おばあちゃんのスカートを履いてみたことがあって、すごくおじいちゃんに怒られた。 女の人になってみたかった。女の子が男の人の服を着るのは怒られないのに…。
・スカートを履いてみたいと思ったことはないが、女の子は髪型をいろいろできていい。
・自分はよくわからない。
・男の子がスカートを履くのはとてもよい。自分もカッコよく履いてみたい。

このような思いを仲間の中で自然に口に出せるようになっていました。

6 青年・成人期の学びで大切にしていること

わたしがこの事業所の仲間たちと青年期の学びをスタートして３年目を迎えました。仲間たちとの学習では、とにかく「対話」すること、一人ひとりの言動や表現をでき

るだけ見逃さないように、聞き逃さないように大切にしてきました。初回のあいさつでは「わたしが先生ではありません」とみんなに伝えていますが、仲間の中には本当にすてきな先生がたくさんいて、多くのことを学び合っています。

　模型を使ってペニスの洗い方の話をしていた時、わたしより少し年上の仲間が「自分は風俗のお姉さんに皮が被っているから病院に行ったほうがいいと言われて手術した」という体験を話してくれたので、そのまま模型を使って包茎の説明をしてもらいました。青年・成人期の性と生の学習は、生活学習そのものなので、学びの内容に境界はないと思っています。対話の中で必要とあれば、いつでも仲間たちと一緒に考えていきます。

　学びを進めてくる中で、仲間たちにもさまざまな変化が見られました。最近、後ろ

●性の学びのグループ編成　　　　　　　　　　　※下線は週2回学びに参加しているメンバー

1グループ	2グループ	3グループ	4グループ	5グループ
21歳男A自閉症	20歳女Bダウン症	18歳男C自閉症	18歳男C自閉症	36歳女A自閉症
23歳男A自閉症	25歳女　自閉症	25歳男C脳まひ	25歳男C脳まひ	57歳男B
25歳男B	27歳女B自閉症	28歳男C脳まひ	28歳男C脳まひ	57歳男A
34歳男B自閉症	35歳女B	55歳男C精神	37歳女B	70歳男A
	37歳女B	55歳男B脳まひ	25歳男B自閉症	

●男らしさ・女らしさ

髪をヘアゴムでまとめ髪を伸ばし始めた彼は、これまでも自分の性に迷いを感じていたようですが、「ものの見方が変わりました。恋愛の対象が広がりました」と明るく話してくれました。この春卒業したばかりの仲間も「二人暮らしがしたい」と将来の希望を語ってくれます。一方で「好きな子いるんだけど、大丈夫かな」と傍らに来て小声で打ち明けてくれる仲間もいます。

　相談の内容では「性」や「からだ」に関する悩みが多く聞かれるにもかかわらず、それについて学ぶ機会はとても少なく、特に本人たちが学ぶ機会はほぼないに等しいのが現状です。だからなのか、親や支援者からの相談は多いですが、障害当事者である本人たちからの声は聞こえてきません。子どもの頃に言われた「言ってはいけない」「描いてはいけない」「触ってはいけない」が青年たちの新たな障害となっているように思います。

　だれもが自分のこころとからだを大切に思いながら成長していけるように、幼い時期からの正しい学びの積み上げがなされるために、わたしたちもまた学びの必要性を地域に広げていかなくてはならないと思います。

（寺部佳代子／相談支援専門員）

CHAPTER 4 支援実践へのコメント

地域における青年・成人期の学び実践
——本人たちのねがいを受けとめて

木全和巳

　寺部さんは、相談支援専門員です。地域において機能しょうがいのある当事者や家族の相談を受けとめつつ、豊かで親密な人間関係をもちたい、もてるようなちからをつけたいという本人たちの人間らしいねがいを受けとめようと、性と生についての対話を大切する学びの実践を創造されてきました。

　ここで取り上げられた実践は、「からだのイメージ」「性器のなまえとしくみ」「おんならしさおとこらしさ」というテーマ。

　「からだのイメージ」では、自分のからだのかたちをとりながら、ボディイメージについて改めて学び直しをしています。なかなか性器の絵も書き込めない仲間たち。

からだの主人公になる学びから疎外されてきた結果でもあります。性器の大きさもかたちもいろいろ。ここからも性はグラデーションで多様性があることを学び合うことができます。

「性器のなまえとしくみ」のところでは、改めて、自分の性器のしくみと役割について、学び直しています。仲間たちによっては、初めての学びであったり、誤った学びからの修正の学びであったりします。ここでも、他の仲間たちの誤った学びの言葉も含め、学びの教材になります。

「おんならしさおとこらしさ」のところでも、「スカートが履きたい」という「男性」のことばの肯定などから、抑圧され制限されてきた「らしさ」、ジェンダーに縛られない多様な性と生の在り方について、仲間たちのことばを手がかりにしながら、対話を重ね、学びを深めていきます。

機能しょうがいのある人たちを性と生から遠ざけてきた窮屈で抑圧的な学校での規範やニッポン社会に巣くい保護者たちや支援者たちにも染みこんでいる「劣等処遇」や「優生思想」。こうした影響を一番受けているのは、本人たち。自分のからだやこころにも自信がもてないままでいます。まずは一人ひとりのセクシュアリティの多様性を本人たちにも気づき合えるような「対話」を通した「学び」を創造することを通して、少しずつですが、自己肯定感の再生が実現されていきます。

「先生」ではないことの宣言。仲間たちのそれぞれの体験や言葉から学び合う姿勢。指導者が「正しいとされる」ことを上から教えがちになるのは、保護者や支援者たちが、「世間」の目を気にしすぎて、「本人」のねがいやおもいに寄り添えないから。「ダメダメダメ」と遠ざけてきた基本的な発想を切り替えないかぎり、本人たちの人間らしいその人らしい性と生の健康の権利というのは、実現しないでしょう。個別の相談に応じつつ、試行錯誤を重ねられて「集団の学び」を創造されてきた寺部さんの実践には、こうした抑圧や制限からの解放のヒントがあるように思います。

特定非営利活動法人 子ども＆まちネット

　特定非営利活動法人 子ども＆まちネットは、子育て支援、子ども・若者の応援、まちづくりに関わる人々や団体、子ども・若者自身が参加するネットワークです。「こどもにやさしいまちづくり」を目指し、子どもの環境がより良くなるよう、大人には研修やフォーラムを、子どもや若者には社会参加、遊び、自立に向けたさまざまな事業を行っています。

　その一つ、STEPプロジェクトでは、障がいのある子ども・若者の思春期における「性」と「生」の課題をプロジェクト委員のみなさんと一緒に取り組んでいます。

　『障がいのある子ども・若者の性と生』を手に取ってくださりありがとうございました。あなたの周りの子ども・若者の思春期支援ついて、またこの本の感想をぜひお寄せください。

●メールフォーム　https://komachi-111.com/web/info.html
●郵送先　〒464-0076　名古屋市千種区豊年町3-18 UR都通団地1-111

STEPプロジェクト委員会

　特定非営利活動法人 子ども＆まちネットが主体となり、障がい児者の支援に携わる学識者、医師、特別支援に関わる教育者、福祉事業所職員、企業、保護者が集まって、発達や障がいや不安がある子どもや若者に対する「性」と「生」の学びを一歩一歩進めていこうという想いを込めたプロジェクトです。

　これまでさまざまな形の学びの場を開いてきましたが、学びをより深めるために講座の内容の検討を重ね、わかりやすいプログラムと教材の作成や支援者養成研修の提案をしています。

　主な事業として以下の事業を行っています。

1）出張講座の開催……性と生、こころとからだなどについて講演会や研修の講師としてうかがいます。対象は障がいのある当事者や支援者、保護者など

2）講座や学習会に関するアドバイス・指導案作成のアドバイスや補助など

3）支援者向け思春期支援研修

4）教材のレンタルや販売（予定）、効果的な使い方の指導など

5）定期的な勉強会（STEPサロン）の開催

編著者プロフィール

木全和巳（きまた　かずみ）　　　　　　　　……PROLOGUE／Part 1-2・3・8・9／Part 4-3・4 コメント

日本福祉大学 社会福祉学部 社会福祉学科教授。

専門は、ジェンダー、ナラティブ、エンパワメントを志向したソーシャルワーク。しょうがいのある子どもから青年までの性と生も含めた生活の中の学びと支援。

性としょうがいに関する単著『〈しょうがい〉のある思春期・青年期の子どもたちと〈性〉──おとなになりゆく自分を育む』（かもがわ出版、2011 年）『〈しょうがい〉と〈セクシュアリティ〉の相談と支援』クリエイツかもがわ、2018 年、翻訳書『知的障害のある人たちの性と生の支援ハンドブック』（クリエイツかもがわ、2014 年）。

伊藤加奈子（いとう　かなこ）　　　　　　　　　　　　　　　　　　　　　　　　　　　……Part 2

ココカラウィメンズクリニック院長・特定非営利活動法人ウーマンリビングサポート代表理事・特定非営利活動法人法人全国子ども福祉センター理事・一般社団法人子ども若者支援センター副理事。

監修『女性ホルモンアップ術ハンドブック』（リベラル社編、星雲社、2013 年）。

クリニックでの思春期相談では、子どもたちの心と体の悩みに耳を傾け、年間を通じて中学・高校などで性教育の講演を行っている。ＤＶ、虐待、性暴力などさまざまな社会問題の啓発や支援にも精力を注ぎ、診療の合間に各地で講演活動を行っている。

伊藤修毅（いとう　なおき）　　　　　　　　　　　　　……Part 1-1・4 ～ 7／Part 4-1・2 コメント

日本福祉大学 教育・心理学部 子ども発達学科准教授。

専門は、障害児・者の青年期教育・セクシュアリティ教育。

著書『ゼロから学ぶ障害のある子ども・若者のセクシュアリティ』（全国障害者問題研究会出版部、2020 年）、共著『生活をゆたかにする性教育』（クリエイツかもがわ、2015 年）。

田中弘美（たなか　ひろみ）　　　　　　　　　　　　　　　　　　　　　　　　　　　……Part 3

国家資格2級キャリアコンサルティング技能士。特定非営利活動法人子ども＆まちネット副理事長。障がいのある子どもの父母のネットワーク愛知代表。

キャリアコンサルタントとして、ニート・フリーター状態にある若者の就労支援、また、名古屋市立の高等学校・特別支援学校にキャリアコンサルタントを配置する「ナゴヤ子ども人生応援サポーター事業」の事業アドバイザーとして、子ども若者へのキャリア形成支援をしている。

著書『Dear. Brother & Sister〜障がい児のきょうだいたちのホントの気持ち〜』（Hon's ペンギン、2005 年）、『Dear. Brother & Sister〜障がい児のきょうだいたちのホンネ』（障がいのある子どもの父母のネットワーク愛知発行、2010年）

特定非営利活動法人子ども＆まちネット「STEP プロジェクト」委員会　　　　……Part 3

〒 464-0076 名古屋市千種区豊年町 3-18　UR 都通団地 1-111

TEL&FAX：052-768-5914　MAIL：step.komachi@gmail.com

Part4 執筆者●鉄井史人（小学校教員）／**鈴木千尋**（福祉事業所職員）／**竹内健悟**（福祉事業所生活支援員）／
　　　寺部佳代子（相談支援専門員）

コラム執筆者●秋好眞澄（重度知的障害者の母）、**藤原美保**（放課後デイの経営者）、**河村あゆみ**（岐阜大学講師・
　　　相談員・美容師）、**松本和剛**（障害児の父・特定非営利活動法人きづがわ福祉会理事長・日本福祉
　　　大学中央福祉専門学校非常勤講師）、**田中弘美**

図・イラスト…P53、P56、P59、P60、P62、P63：特定非営利活動法人こども＆まちネット　STEP プロジェクト委員会『変わっていく思春期の「からだ」と「こころ」を大好きになる』より転載。

障がいのある子ども・若者の性と生

「からだ」と「こころ」を大好きになろう

2021年9月30日　初版発行

編著者 ● ⓒ木全和巳・伊藤加奈子・伊藤修毅・田中弘美
　　　　特定非営利活動法人法人子ども＆まちネット STEP プロジェクト委員会
発行者 ● 田島英二　info@creates-k.co.jp
発行所 ● 株式会社 クリエイツかもがわ
　　　　〒601-8382 京都市南区吉祥院石原上川原町21
　　　　電話 075（661）5741　FAX 075（693）6605
　　　　http://www.creates-k.co.jp
　　　　郵便振替　00990-7-150584
イラスト ● 山岡小麦
デザイン ● 菅田　亮
印 刷 所 ● モリモト印刷株式会社
ISBN978-4-86342-309-1 C0037　printed in japan

「学童保育×作業療法」コンサルテーション入門
地域に出よう！作業療法士

小林隆司／監修　八重樫貴之・佐藤葉子・糸山智栄／編著

子どもの特性、環境、友だち、支援者の関わりをコンサル20事例で学ぶ。子ども理解と放課後の生活、作業療法コンサル理論入門と実際。これであなたも地域で活躍できる！　　　　2420円

子ども理解からはじめる感覚統合遊び
保育者と作業療法士のコラボレーション

加藤寿宏／監修　高畑脩平、萩原広道、田中佳子、大久保めぐみ／編著

保育・教育現場での子どもの気になる行動を、感覚統合のトラブルの視点から10タイプに分け。①行動の理由を理解、②支援の方向性を考え、③集団遊びや設定を紹介。　　　　1980円

乳幼児期の感覚統合遊び　保育士と作業療法士のコラボレーション

加藤寿宏／監修　高畑脩平、田中佳子、大久保めぐみ／編著

子どもの発達を促す感覚遊びに納得感覚統合の発達をわかりやすく解説。「ボール遊び・木登り禁止」などの環境の変化で、身体を使った遊びの機会が少なくなったなかで、子どもたちに育んでほしい力をつける。0～5歳の遊び29例。　　　　1760円

学童期の感覚統合遊び　学童保育と作業療法士のコラボレーション

太田篤志／監修　森川芳彦×豊島真弓、松村エリ×角野いずみ、鍋倉功×山本隆／編著

「ボール遊び禁止」やスマホなど、身体を使った遊びの機会が少なくなったなかで、学童保育指導員と作業療法士の感覚統合遊びで、子どもたちに育んでほしい力をつける。　　　　2200円

学童期の作業療法入門　学童保育と作業療法士のコラボレーション

小林隆司、森川芳彦、河本聡志、岡山県学童保育連絡協議会／編著

気になる子どもの発達を促す「作業療法」！──作業療法、感覚統合の理論をわかりやすく解説、作業療法の視点から「①感覚遊び、②学習、③生活づくり」で、子どもの発達を保障する新たな学童保育の実践を拓く！　　　　1980円

学校に作業療法を　「届けたい教育」でつなぐ学校・家庭・地域

こども相談支援センターゆいまわる、仲間知穂／編著

障害という言葉のない学校をつくりたい。「子どもに届けたい教育」を話し合い、協働することで、子どもたちが元気になり、教室、学校が変わる！先生が自信をもって教育ができれば、障害の有無にかかわらず、子どもたちは必ず元気に育つ。　　　　2420円

凸凹子どもがメキメキ伸びるついでプログラム

井川典克／監修　鹿野昭幸、野口翔、特定非営利活動法人はびりす／編著

「ついで」と運動プログラムを融合した、どんなズボラさんでも成功する、家で保育園で簡単にできる習慣化メソッド！児童精神科医×作業療法士×理学療法士がタッグを組んだ生活習慣プログラム32例　　　　1980円

みんなでつなぐ読み書き支援プログラム
フローチャートで分析、子どもに応じたオーダーメイドの支援
井川典克／監修　高畑脩平、奥津光佳、萩原広道、特定非営利活動法人はびりす／編著

くり返し学習、点つなぎ、なぞり書きでいいの？　一人ひとりの支援とは？　読み書きの難しさをアセスメントし、子どもの強みを活かすオーダーメイドのプログラム。教育現場での学習支援を想定、理論を体系化、支援・指導につながる工夫が満載。　　　　2420円

障がい青年の学校から社会への移行期の学び
学校・福祉事業型専攻科ガイドブック
田中良三・國本真吾・小畑耕作・安達俊昭・全国専攻科（特別ニーズ教育）研究会／編

「もっと学びたい」障がい青年の願いを実現する「専攻科」18の学校事業所。
文部科学省も「障害者生涯学習支援策」で「福祉（事業）型専攻科」を位置づけた。障がい青年に高
等教育保障とゆたかな生涯教育をさらに！　　　　　　　　　　　　　　　　　2200円

障がい青年の大学を拓く　インクルーシブな学びの創造
田中良三・大竹みちよ・平子輝美・法定外見晴台学園大学／編著

発達・知的障がい青年のために開かれた大学づくりのもとで本物の学びにふれ、友だちをつくり、青
春を謳歌する学生たちと直接、障がい者に関わりのなかった教授陣の類いまれな授業実践！
　　　　　　　　　　　　　　　　　　　　　　　　　　　　　　　　　　　　　2200円

福祉事業型「専攻科」エコールKOBEの挑戦
岡本 正・河南 勝・渡部昭男／編著

障害のある青年も「ゆっくりじっくり学びたい、学ばせたい」願いを実現した学びの場「専攻科」、ゆ
たかな人格的発達をめざす先駆的な実践。高等部卒業後、就職か福祉就労の2つしかなかった世界で生
まれた、新たな「学びの場」＝「進学」という第3の選択肢。その立ち上げと運営、実践内容のモデル
的な取り組み。　　　　　　　　　　　　　　　　　　　　　　　　　　　　　　2200円

知的障害者の高等教育保障への展望　知的障害者の大学創造への道2
長谷川正人・ゆたかカレッジ／編著

インクルーシブ社会、知的障害者の高等教育、就労について考える──就労はむずかしいといわれて
いた人たちが、4年間の学びの中で成長し、7割が働いている。その秘訣をゆたかカレッジのあゆみ、
教育内容、学生・卒業生・保護者と支援教員の姿から明らかにする。　　　　　　2420円

知的障害者の大学創造への道　ゆたか「カレッジ」グループの挑戦
長谷川正人／著　田中良三・猪狩恵美子／編　社会福祉法人鞍手ゆたか福祉会／協力

障害者にも当たり前に高等教育の保障を！　アメリカの知的障害者の大学受け入れと実情を紹介！高
校卒業後、ほとんどが大学へ進学する時代……障害者も大学で学ぶ可能性と必要性を明らかにする。
　　　　　　　　　　　　　　　　　　　　　　　　　　　　　　　　　　　　　2420円

知的障害の若者に大学教育を　米・欧・豪・韓国9か国20大学の海外視察から
ゆたかカレッジ・長谷川正人／編著

長年の就労支援を通じて92％の成功を収めている経験と実績の支援マニュアル！　就労支援関係者の
必読、必携ハンドブック！「指導のための４つの柱」にもとづき、「就労の道具箱10」で学び、大きな
イメージ評価と具体的な方法で就労に結びつける！　　　　　　　　　　　　　　2200円

キミヤーズの教材・教具　知的好奇心を引き出す
村上公也・赤木和重／編著

 45分授業を収録した **DVD付き** 5刷

なによりも具体的な教材・教具づくりのヒントがいっぱい！　子どもたちの知的好奇心を引き
出し、教えたがりという教師魂を刺激する、そして研究者がその魅力と教育的な本質を分析・
解説。仲間の教師や保護者が、授業で実際に使った経験・感想レビューが30本。　　3080円

ユーモア的即興から生まれる表現の創発
赤木和重、砂川一茂、岡崎香奈、村上公也、麻生 武、茂呂雄二／編著

即興新喜劇・ライブ授業収録 **DVD付き**

「正しい」とされてきた特別支援教育の方法や、障害児の見方を覆すような授業づくりで子ども
の見方を広げる。「明日から違う実践をちょっとやってみようかな」という新たな実践を進める
きっかけに！　　　　　　　　　　　　　　　　　　　　　　　　　　　　　　　2640円

http://www.creates-k.co.jp/

あたし研究　自閉症スペクトラム〜小道モコの場合　1980円
あたし研究2　自閉症スペクトラム〜小道モコの場合　2200円
小道モコ／著・絵

自閉症スペクトラムの当事者が「ありのままにその人らしく生きられる」社会を願って語りだす―知れば知るほど私の世界はおもしろいし、理解と工夫ヒトツでのびのびと自分らしく歩いていける！

発達障害者の就労支援ハンドブック
ゲイル・ホーキンズ／著　森由美子／訳

付録:DVD

長年の就労支援を通じて92％の成功を収めている経験と実績の支援マニュアル！　就労支援関係者の必読、必携ハンドブック！「指導のための4つの柱」にもとづき、「就労の道具箱10」で学び、大きなイメージ評価と具体的な方法で就労に結びつける！　3520円

当事者主動サービスで学ぶピアサポート
飯野雄治・ピアスタッフネットワーク／訳・編

ピアサポートを体系的に学ぶプログラム。
アメリカ合衆国の厚生労働省・精神障害部局（SAMHA）が作成したプログラムを日本の制度や現状に沿うよう加筆・編集。科学的根拠に基づく実践プログラム（EBP）　3300円

行動障害が穏やかになる「心のケア」
障害の重い人、関わりの難しい人への実践
藤本真二／著

2刷

「心のケア」のノウハウと実践例！　感覚過敏や強度のこだわり、感情のコントロール困難など、さまざまな生きづらさをかかえる方たちでも心を支えれば乗り越えて普通の生活ができる――。　2200円

パワーとエンパワメント　ソーシャルワーク・ポケットブック
シヴォーン・マクリーン／ロブ・ハンソン／著　木全和巳／訳

なに？　なぜ？　どうしたら？　3つの方法で学ぶ。多忙を極めるソーシャルワーカー（社会福祉で働く人）たちが、利用者訪問の電車の中や会議が始まる前などの合間に気軽に、手軽に読め、自分の実践の振り返りと利用者への対応に役立つ。　1760円

生活をゆたかにする性教育　障がいのある人たちとつくるこころとからだの学習
千住真理子／著　伊藤修毅／編

4刷

子どもたち・青年たちは自分や異性のこころとからだについて学びたいと思っています。学びの場を保障し、青春を応援しませんか。障がいのある人たちの性教育の具体的な取り組み方を、実践例と学びの意義をまじえて、テーマごとに取り上げます。　1650円

〈しょうがい〉と〈セクシュアリティ〉の相談と支援
木全和巳／著

保護者、学校の教員、放課後等デイサービスや子どもの入所施設の職員、成人の事業や施設の職員、地域の相談員などからの、しょうがいのある子どもたちの性と生の相談事例。すぐに解決できる「手立て」だけではなく「見立て」と「共感的理解」を学びあう。　1980円

http://www.creates-k.co.jp/